L'ERMITE
DE LA
FORÊT DE LOIZIA.

Par M. DE FAVEROLLES.

TOME DEUXIÈME.

A PARIS,

CHEZ LEROUGE, LIBRAIRE,

COUR DU COMMERCE SAINT-ANDRÉ-DES-ARCS.

1823.

L'ERMITE

DE

LA FORÊT DE LOIZIA.

I I.

A RAMBOUILLET,
DE L'IMPRIMERIE DE LEROUX-FAGUET.

L'ERMITE
DE LA
FORÊT DE LOIZIA.

Par M. DE FAVEROLLES.

TOME DEUX.

A PARIS,
CHEZ LEROUGE, LIBRAIRE,
RUE DU COMMERCE SAINT-ANDRÉ-DES-ARCS.

1823.

L'ERMITE

DE

LA FORÊT DE LOIZIA.

~~~~~~~~~~~~~~~~~~~~~~~~~~~~~~

CHAPITRE XV.

——————

Le pasteur fut accueilli comme il l'était toujours par les solitaires, et il ajouta au plaisir que l'on ressentait à le voir, en apprenant à Théodore qu'il comptait passer quelques jours avec lui. Tout est tranquille dans ma paroisse, je n'y ai point de malades et je ne prévois pas que d'ici à quelques jours aucun de mes paroissiens ait besoin de moi. D'ailleurs le fils de Jacques viendrait promptement me chercher ; mais j'espère que cela ne sera pas, et je me fais un grand plaisir de passer quelques momens dans votre délicieuse retraite. Théodore et Raoult l'assurèrent qu'ils en auraient un très-grand à profiter de sa société. — C'est à condition que vous ne changerez rien à votre manière de vivre, je vous le promets reprit l'Ermite et je me flatte même que mon cher compagnon finira devant vous le récit de ses aventures ; dont je vous ferai connaître le commencement dans une analyse que j'ai écrite pour en conserver le souvenir. Quoi! dit Raoult, vous instruirez le pasteur de mes folies. — Il faut bien qu'il vous connaisse, nous aurons besoin de ses conseils, ne voulant pas m'en rapporter à mes propres lumières. Après le souper le curé se retira, Théodore lui remit le cahier où était tracé le précis des aventures de Raoult. Il y trouva des choses qui lui parurent bizarres. La conduite du Marquis lui semblait inexplicable ; mais il persistait à le croire père de Raoult, et par conséquent il était impossible que celui-ci pût épouser, même dans le doute, la belle Gabrielle, enfin il fallait que le pasteur sût la fin de cette anecdote, pour asseoir un jugement certain, d'après lequel il donnerait à ce jeune homme un conseil dans son âme et conscience.

La journée se partagea comme de coutume entre la prière, le travail des mains, la lecture et les heures des repas. Jacques retourna au village et convint avec son curé de ne venir le chercher que le vendredi après diner, s'il n'y avait rien de nouveau dans la paroisse. Il y eut le lendemain un orage qui refroidit considérablement le temps, de sorte que l'on se tint dans la bibliothèque pour entendre Raoult. Il parut intimidé par la présence du curé, qui cependant le rassura autant qu'il lui fut possible, et le pria d'être persuadé que ce qu'il savait déjà, parce que Théodore lui avait remis, lui donnait un vif désir d'apprendre le reste, le jeune homme se rendit et commença:

Je n'étais pas si rassuré que le Marquis sur la manière dont madame de Saltignac prendrait la proposition de son mari, de m'unir avec Gabrielle. J'avais remarqué son extrême surveillance, qui ne nous laissait seuls que des instans, et encore en paraissait-elle affrayée. Quelle raison aurait-elle eue de se conduire ainsi, elle m'aimait presqu'autant que sa fille. Le Marquis ne pouvait se passer de moi. Gabrielle me témoignait la plus tendre amitié : seule héritière de son père, rien ne s'opposait à notre union. — Les préjugés de naissance. — La Marquise n'en avait pas : le bonheur de sa fille eut été son premier vœu ; mais elle voyait certainement un obstacle invincible à ce mariage et elle écartait avec un soin extrême tout ce qui aurait pu y déterminer. Elle parlait même assez souvent de ne pas me laisser dans l'inaction, si mauvaise à mon âge. Elle engageait M. de Saltignac à me procurer un état; et ainsi elle voulait m'éloigner de sa fille. Il n'y avait donc aucun doute qu'elle ne consentirait pas à ce que désirait son époux qui croyait que tout devait fléchir sous ses lois. Il se persuadait que la Marquise acquiesserait sans la moindre difficulté à son plan qui lui paraissait le meilleur possible. Il alla donc la trouver et lui dit : vous savez ma chère amie combien Gabrielle m'est chére, Raoult ne me l'est pas moins. Je suis décidé à réunir en eux toute mon affection, et il lui développa ses projets. Adelle l'écouta sans l'interrompre et répondit enfin, vous avez donc oublié monsieur que vous m'ayez dit formellement que ce jeune homme est votre fils et celui de madame de St.-Menant, et vous auriez la funeste idée de le marier avec votre fille, avec sa sœur, vous me moins à ma propre conviction. Je me dis, c'est la vivacité de l'amour paternel qui l'emporte et l'aveugle au point d'oublier tout principe ; mais moi qui suis de sang froid, moi qu'aucune passion n'anime, je vous garantirai, et les malheureux jeunes gens, de l'abîme où vous voulez les plonger. Sachez donc qu'il faut ou que Raoult parte ou moi et ma fille : je ne resterai pas un jour de plus exposée à un semblable danger. Il faut que Raoult parte ou que je sois demain sur la route d'Italie, et je lui défendrai de me suivre ; voyez qui vous aimez mieux de Raoult ou de moi.

Le Marquis fut attéré par le ton que prit Adelle, il ne lui en avait jamais trouvé un semblable. Toujours elle avait été pour lui la douceur, la complaisance même, il voulut en vain la fléchir, il jura par tout ce que l'honneur avait de plus sacré que je n'étais pas son fils : il ne gagna rien et quand je le vis rentrer dans son appartement où je l'attendais ayant l'air profondément triste ; je pensai aussitôt que madame de Saltignac s'opposait à mon bonheur. Je suis mon père, car malgré moi je lui donne toujours ce nom et j'entre avec lui dans son cabinet. Mon cher ami, me dit-il, pour la première fois de sa vie, Adelle s'oppose à mes volontés et jure qu'elle ne consentira pas à votre mariage. Elle a, dit-elle, cette alliance en horreur, non à cause de vous qu'elle aime beaucoup, mais parce qu'elle s'obstine à vous croire mon fils, je suis décidé à suivre ce que les lois ordonnent, tant que le père de famille vit : le consentement de la mère est inutile, d'ussai-je enlever ma fille je vous marierai, je le dois, je remplis un devoir sacré, oui mon cher Raoult tu seras mon fils, non comme le prétend Adelle, mais par les liens qui t'uniront à ma fille.

Que répondre quand on est éperdument amoureux et que l'on n'a pas encore vingt-cinq ans. Pourquoi le Marquis aurait-il voulu faire un crime sans aucun intérêt, pour satisfaire une passion qu'il n'eut tenu qu'à lui d'étouffer dès le premier moment. Non c'est la Marquise qui se trompe, Gabrielle, la douce Gabrielle m'inspire un feu trop brûlant pour n'être que ma sœur. L'amitié fraternelle, ce rare présent du ciel, est moins tumultueuse : j'ai cru ne ressentir que ce sentiment tant que je n'avais pas vu Gabrielle dans toute la perfection de la beauté, l'enfance ! l'adolescence ont un penchant général à la bienveillance qui doit exister entre frère et sœur; mais quand le flambeau de l'amour brille aux yeux du jeune homme, il fait alors sans s'en douter, un choix hors de sa famille, et cesse d'être le frère de toutes les femmes. Il est l'amant d'une seule, et c'est ce que je suis pour Gabrielle, elle n'est point ma sœur, elle est ma bien-aimée, elle sera ma compagne.

Je consentis donc à ce que voulait mon bienfaiteur, mais je le suppliai de mettre vis-à-vis de ma mère d'adoption, tous les ménagemens imaginables; que s'il jugeait nécessaire que je m'absentasse encore quelque temps, j'étais prêt à partir, quoique je sois bien persuadé combien je serais malheureux dès l'instant où je m'éloignerai de Gabrielle. — Non, mon ami, je ne veux pas que vous partiez, ce serait marquer une faiblesse fort-opposée à mon caractère. Madame de Saltignac peut partir si elle veut, et soyez sûr qu'elle ne partira pas : c'est pour essayer si elle m'effrayera. C'est un système qui écroulera de lui-même, parce qu'elle s'imagine à tort qu'elle emmenera sa fille avec elle, voilà en quoi elle se trompe, non sa fille ne la suivra pas, elle m'est sincèrement attachée. Elle vous aime, elle m'en a fait l'aveu avec la plus tendre émotion; elle voit dans son union avec vous l'accomplissement de tous ses vœux. — Quoi, je suis aimé! ah! mon père, pardonnez ce nom, il m'échappe toujours, je m'abandonne à tout ce que vous ferez pour mon bonheur, puisqu'il fait celui de Gabrielle. Je ne puis résister à tant de félicité; qui pourrait, étant maître d'un trésor, le laisser échapper par une fausse délicatesse? Le Marquis enchanté de me trouver autant de docilité, me recommanda le secret et me dit qu'il allait tout préparer pour m'unir à sa fille; mais qu'il fallait dissimuler avec la Marquise jusqu'après la célébration, et surtout éviter de me trouver seul avec elle. Je lui promis tout ce qu'il voulait; le ciel veillait sur moi, et vous verrez mes respectables amis, par quel moyen il me garantit du précipice où ma volonté, bien plus que la volonté de M. de Saltignac m'entraînait, mais ce qui me reste à vous raconter est encore long, permettez que je le remette à demain. Théodore et le curé n'y consentirent qu'avec regret ; tant ils désiraient savoir comment Raoult avait pu s'arracher à une si puissante séduction.

CHAPITRE XVI.

Nos trois amis, après avoir passé une journée entièrement consacrée à l'amitié, sortirent après diner pour aller dans la forêt et s'avancèrent jusqu'au lieu où Théodore avait sauvé la vie à Raoult, et qu'ils ne voyaient jamais sans émotion; car tous deux devaient à cette rencontre, l'un la vie, l'autre d'avoir retrouvé la faculté d'aimer qu'il croyait ne plus exister pour lui. Les corps des deux scélérats avaient été enlevés par la justice, de sorte que rien ne rappelait leur crime et leur châtiment.

faites frissonner. —Je ne vous ai point dit qu'il fût mon fils. — Vous vous êtes expliqué en termes si clairs que je n'en ai pas douté un instant.—Où en sont les preuves ? — Dans vos discours, vos actions, l'extrême tendresse que vous avez pour ce jeune homme dont rien n'a pu vous éloigner un instant, pour qui vous avez dirigé toutes vos actions, enfin votre propre aveu à moi-même. — C'était, connaissant la générosité de votre âme, pour qu'il vous inspirât plus d'intérêt, ce qui eût dû faire un effet contraire ; mais Adelle est si supérieure au vulgaire des femmes, que j'étais sûr d'obtenir par ce moyen, les soins les plus délicats et les plus constans pour lui. —Mais quel intérêt si vif prendriez-vous donc à lui; s'il n'est pas votre fils.—

Celui qu'une amitié tendre. — Pour madame de St.-Menant, que vous rencontrez dans le plus imminent danger, et à qui vous ne permettez pas que son fils porte le moindre secours, pendant que vous n'êtes occupé que du péril de cet enfant. Non, mon cher, rien ne peut détruire dans mon âme la croyance que Raoult vous doit la vie, et c'est vous dire que j'aimerais mieux mourir que consentir à une union incestueuse, et qui appellerait sur votre maison la vengeance céleste, non, ma fille n'embrassera pas dans son fils celui de son frère; cette seule pensée me trouble jusqu'au fond de l'âme, et il faut toute la tendresse que mon cœur vous a voué, pour que je ne sois pas indignée de vous voir une semblable volonté, qui ajoute néan-

Les trois amis s'y assirent donc et prièrent Raoult de terminer sa relation.

— Je cherchais une occasion de voir Gabrielle sans sa mère; mais celle-ci redoublait de surveillance, et au moment où je croyais pouvoir joindre mon amie sans témoins, je trouvai madame de Saltignac; elle me prit le bras, et sans me dire un mot elle me fait traverser les parterres, prend une route du parc et me conduit dans la grotte où j'avais dessein d'amener sa fille, comme le lieu le plus écarté du château : un lit de repos était au fond, elle s'y assied et me fait signe de m'y placer auprès d'elle. Êtes-vous capable de m'entendre sans m'interrompre — mon respect pour vous madame, m'en fait une loi. — Eh bien ! écoutez :

Elle retraça, avec toute la vérité et la sensibilité de son cœur, le premier instant où on m'apporta dans son appartement, le serment qu'elle fit de me tenir lieu de mère, et je crois ajouta-t-elle l'avoir rempli. Je lui pris la main et la portai à mes lèvres. La donation que je vous avais faite, prouve combien je désirais que vous fussiez heureux et indépendant, vous avez ainsi que moi perdu cette fortune qui n'eût fait que s'accroître et qui n'existe plus. Séparée de vous pendant treize ans, j'ai trouvé le moyen, par mes économies, de placer chaque année une somme assez considérable pour que vous soyez au-dessus du besoin; elle est hypothéquée sur des terres parfaitement liquides, et elle vous produira environ quatre à cinq mille livres de rente. M. de Saltignac le sait et vous jugez facilement qu'il y applaudit. — Et moi, madame, comment vous marquer ma reconnaissance ? — En ne me rendant pas la plus infortunée des mères et des épouses ; et se jetant à mes genoux, elle s'écria : Raoult, Raoult, je vous en conjure, ne me faites pas repentir de vous avoir adopté pour mon fils ! On pense bien que je m'étais jeté aussitôt qu'elle à genoux, que je la suppliais de se lever, que je l'assurai que je ferais tout ce qu'elle ordonnerait. — Non, je ne me relèverai point que vous m'ayez juré que vous n'épouserez pas ma fille, vous ne le pouvez sans crime, elle est votre sœur, et votre père est le sien, et c'est lui-même qui me la dit. Voir à mes pieds celle qui était plus que ma mère qui me demandait de ne pas me rendre criminel, de ne pas entraîner la perte de sa fille, par un mariage opposé aux lois de Dieu et des hommes. Pouvais-je résister à la voix de la vertu dans la bouche de celle qui, après sa fille, était ce que j'avais de plus cher au monde. Je jurai de me conformer à ses volontés. Alors elle se leva, m'embrassa avec une tendresse vraiment maternelle et s'asseyant et me faisant asseoir, elle me dit : mon cher Raoult, j'avais compté sur votre obéissance, tout est prêt pour votre départ; vous allez trouver à la porte du parc, près d'ici, votre cheval sellé et bridé, un porte-manteau attaché dessus, qui contient les effets nécessaires pour votre voyage. Voici deux mille francs dans cette bourse et trois mille francs en billets de caisse dans ce portefeuille avec les contrats de rente-foncière sur différens particuliers de cette province. L'argent que je vous remets est la première année de votre revenu, tâchez de l'avoir toujours devant vous, c'est la seule manière de vivre tranquille et d'être à l'abri des événemens. Tout cela prouvait une grande amitié pour moi ; et j'adorais sa fille et il fallait partir sans la voir : je me repentais de ma promesse, je regrettais des biens mille fois préférables à un peu de métal. Hélas ! j'avais raison puisque l'on m'a enlevé cet argent, et que pour avoir eu la faiblesse de le recevoir, je me suis privé pour jamais du bonheur de revoir Gabrielle. Ce n'est pas que je n'aie fait l'impossible pour ne rien accepter ; mais madame de Saltignac m'a tellement assuré que ce serait la blesser mortellement, qu'elle ne faisait qu'acquitter faiblement la dette que son mari avait contractée à l'instant de ma naissance, que je me vis forcé de recevoir ce don; mais comme je vous l'ai dit, il m'a servi de peu de chose.

Elle m'avait conseillé de me rendre à Paris pour y faire mon droit. — Avec de l'aisance vous pourrez porter loin les études nécessaires pour le barreau et y briller un jour. Rien ne réveillait en moi l'ambition entièrement éteinte par la perte de mes espérances; mais comme je désirais voir la capitale, que je pensais que ce serait un moyen de distraction dont j'avais le plus grand besoin pour ne pas me livrer au désespoir, après les plus déchirans adieux. Madame de Saltignac me conduisit à l'endroit où mon cheval m'attendait. Je le montai, et elle s'éloigna en versant des larmes; pour moi, anéanti par la douleur, je suivis ma route pensant à Gabrielle, à son père, et me reprochant de les avoir quittés, j'étais près de retourner sur mes pas. Enfin j'arrivai dans cette ville, mélange inouï de tout ce que l'on peut imaginer de plus opposé l'un à l'autre, crime, trahison, vertu, piété, bonne foi, misère profonde, fortune colossale, avarice sordide, bienfaisance et plus que cela, charité sans bornes, et, comme partout, le riche sans pitié, le pauvre soutenant le pauvre : du reste, la masse, comme il m'a paru qu'elle l'est dans toutes les grandes villes, composée d'hommes médiocres, égoïstes, vivant au jour le jour sans souvenir de la veille, sans soins du lendemain. Je pris un logement garni près de l'école, j'y soutins un examen avec assez d'avantage, je me livrai à l'étude si pénible des lois, j'imposais silence à mon pauvre cœur qui appelait toujours mon amie et ses parens que j'avais regardés si long-temps comme les miens. Je cherchai des distractions en me liant avec mes condisciples ; mais étourdi par le bruit que j'entendais toujours autour de moi. J'étais distrait, e non consolé, j'avais peine à m'accoutumer à leur ton, à leurs manières, je cherchais inutilement celles du château de Steincher, je trouvais encore moins celles de la famille de Saltignac, j'avais me disait-on vécu d'illusions : le progrès de la philosophie n'était pas encore parvenu jusqu'à moi, il n'y avait de vrai dans le monde que les vérités mathématiques, ce que l'on a cru pendant 2000 ans est absurde, il n'y a parmi ceux qui se disent croyans que des imbéciles ou des fourbes. Ces idées de chevalerie, d'amour, ces doux liens de famille, tout cela n'était que des écarts de l'imagination, indignes du siècle des lumières; le goût du plaisir et l'amour de l'argent, voilà ce que je rencontrais parmi mes condisciples fatigués de leurs frivoles amusemens qui n'offraient à mon cœur aucun dédommagement de ce que j'avais perdu. Je pris la résolution de voyager en Italie, je pensais que les arts que j'avais toujours passionnément aimés, m'offriraient quelques ressources contre l'ennui qui me dévorait, et que je portais sans cesse avec moi.

J'avais reçu quelques lettres de madame de Saltignac, elles faisaient battre mon cœur et renouvelaient mes chagrins. J'apprenais par elles que sa fille et son mari jouissaient d'une parfaite santé, que Gabrielle était calme et résignée, qu'elle espérait la marier dans peu, qu'alors elle me reverrait avec un sensible plaisir. Je me croyais oublié de Gabrielle, je fis le projet de la bannir de mon cœur, et ce fut dans ce dessein que je pris le chemin de l'Italie : j'instruisis la Marquise de mon départ sans lui dire où je comptais porter mes pas; je ne voulais plus conserver une correspondance qui ne faisait qu'aigrir mes maux, j'en voulais encore moins entretenir avec mes nouvelles connaissances; aussi personne ne devait savoir où je portais mes pas.

Après avoir réglé ce que je devais à mes hôtes, je pris un passe-port pour Rome ; comme j'avais toujours mon cheval, je crus que la manière qui serait la plus commode était de me servir de ce bon animal pour me transporter dans la patrie des arts où je savais que je trouverais partout des français. Il me restait encore de l'argent, et je ne doutais pas que je ne trouvasse des moyens de faire toucher mes rentes en France, par un banquier d'une ville d'Italie. Je ne suivais aucun chemin direct, m'arrêtant partout où je savais qu'il y avait des choses intéressantes à voir, ménageant mon cheval comme le seul ami qui me restât. Étant à Lons-le-Saulnier, j'entendis parler des grottes de Loizia, comme plus belles que celles d'Arcis que j'avais vues ;

je me dirigeai de ce côté, mais je me trompai de route, et j'errais depuis le matin dans ces bois, quand je fus attaqué par ces coquins qui m'enlevèrent tout ce que je possédais, et m'auraient ôté la vie sans le secours généreux que je vous ai dû. Je ne cache point que la perte de mon cheval m'a été douloureuse. Gabrielle l'aimait, elle le caressait, il obéissait à sa voix : enfin c'était le dernier être sensible qui se rattachât à notre existence.

La mienne, depuis que je suis ici, serait trop douce, si le souvenir de ce que j'ai perdu, je parle de mes amis et non de ma fortune, ne venait sans cesse troubler ma tranquillité ; cependant, je ne chercherai point à dissimuler que je crois qu'il est impossible que je sois jamais heureux, encore plus que je puisse fixer de moi-même ce que j'ai de mieux à faire. Vous me connaissez, mes dignes amis à présent, peut-être mieux que je ne me connais; dirigez-moi donc, et apprenez-moi si je dois renoncer ainsi que le père Théodore à la société pour passer ici le reste de mes jours, ou me rembarquer sur la mer orageuse du monde, je m'en rapporte entièrement à vous et je suivrai aveuglement ce que vous croirez m'être le plus avantageux.

Théodore et le curé remercièrent Raoult de la confiance qu'il leur témoignait et lui promirent de réfléchir mûrement chacun de leur côté, à ce qu'ils croiraient de meilleur pour lui, et il fut convenu que cette importante décision n'aurait lieu que dans trois mois, temps où le curé de

Cousance reviendrait à l'ermitage. Le soir on parla des différens événemens qui semblaient avoir mis un intervalle immense entre les deux derniers siècles et celui-ci, intervalle, disait le curé de Cousance, qu'il y a bien plus loin de 88 à ce moment ici (1) que de la fin du 17e. siècle à cette époque. J'ai traversé, ajouta-t-il, les orages qui signalèrent les premières années de cette ère, grâce à l'asile que le père Théodore m'a donné pendant tout le temps où je n'aurais pu rester dans la paroisse sans manquer à ce que je devais de soumission à l'église, je n'ai point souffert. Ce généreux ami ne vous aura point dit, que pendant ces années difficiles, j'ai trouvé près de lui tout ce que

---

(1) Ces événemens avaient lieu en 1809.

l'amitié, la générosité peut offrir de plus doux, et qu'il m'a fallu me croire forcé par, le devoir à retourner auprès de mes paroissiens quand je le pouvais sans allarmer ma conscience pour me décider à quitter cette aimable retraite. Je voulais alors engager Théodore à venir à Cousance dont le site est moins monotone que celui-ci; mais il ne l'a pas voulu, et constant à sa manière de vivre, nous avons été réduits comme au commencement, à ne nous voir que tous les trois mois. Vous, monsieur, en s'adressant à Raoult, si d'après vos réflexions et celles que nous vous suggérerons, vous croyez devoir rester ici, je suis bien sûr que vous trouverez, dans la société de cet aimable ermite, de grands moyens de distraction. Celui que je vous engage le plus à employer dans ce moment, est d'obtenir de lui qu'il vous raconte tout ce qui existait il y a vingt à vingt-cinq ans et avant, ce serait, je l'avoue, ce qui me ferait un très-grand plaisir, répondit Raoult; car je n'ai que bien peu d'idée de tout ce qui existait alors. Je ne demande pas mieux, dit Théodore : me reporter vers les belles années de ma vie, sera quelquefois un plaisir : vous me trouverez peut-être des idées exagérées, nos usages vous paraîtront gothiques ; mais je vous prie de vous souvenir qu'il n'y a pas plus de vingt ans que tout ce que je vous rapporterai de ces coutumes, était en vigueur en France ; que nous ne nous trouvions pas malheureux de nous y soumettre, que si quelques-unes étaient ridicules beaucoup étaient avantageuses ; d'ailleurs si je vous rapporte ce que j'ai su, ce que j'ai vu, ce sera sans aucune intention de vous amener à mon opinion, mais seulement comme historien. Raoult lui répèta, comme il lui avait dit, combien il lui aurait d'obligation, et le curé vit avec plaisir que son ami jouirait de ce moment de distraction : car c'en est une grande de se rappeler ce qui a fait le charme de sa jeunesse.

CHAPITRE XVII.

Raoult était demeuré seul avec Théodore, celui-ci parut occupé du désir de fixer près de lui son jeune ami, en l'y attachant par la confiance, et dès le même jour il lui dit : je croirais mon cher Raoult manquer à ce que l'amitié exige de moi, si après avoir appris de vous ce qui vous intéressait, je gardais le silence à l'égard de ce qui me concerne. La seule chose que je ne pourrai vous apprendre, parce que cela ne dépend pas entièrement de moi, c'est mon nom, mais vous saurez celui des différens personnages qui ont eu des rapports directs avec moi. Je vous nommerai les pays où se seront passés les événemens de ma vie. Je vous instruirai en détail de tout ce que j'ai vu avant le temps où je suis venu m'enfermer dans cette solitude. Les manières différentes dont nous avons vécu, comme nous le disions hier, font que mille choses qui vous sont inconnues peut-être, vous feraient plaisir à savoir. Né presque à l'époque de la révolution, ayant passé toute votre enfance dans le château de Saltignac, et votre première jeunesse dans les pays étrangers, vous n'avez pas dû connaître les mœurs de ceux qui habitaient avant ce temps Paris et Versailles. Je pense que vous en apprendrez avec plaisir quelques traits qui s'unissent avec le récit de mes aventures. Raoult l'assura qu'il ne pouvait lui faire plus de plaisir, et dès le soir l'ermite commença :

Histoire de Théodore.

Je suis né à Paris en 1752, dans le temps où la société de cette grande ville était la plus brillante. Vous connaissez Paris, mais depuis le moment de ma naissance jusqu'à celui où vous avez habité la capitale, pour tout ce qui ne tient qu'à la ville proprement dite, elle avait singulièrement changé; quand il n'y aurait que l'extrême différence de la manière dont elle est éclairée par les réverbères au lieu de ces mauvaises lanternes que le vent soufflait, et bien en a pris à ceux qui ont eu l'idée de lui donner une lumière plus brillante et plus solide : car on n'a plus le moyen de se faire précéder à pied par un domestique tenant un flambeau ou qu'on portait derrière les voitures ; mais, sans parler des embellissemens de cette ville que vous connaissez bien mieux que moi, il est certain que Paris, d'après ce qu'on dit, a matériellement beaucoup gagné à la révolution; moralement, c'est un point difficile à juger sans partialité. Je ne vous parlerai que de la société où j'ai passé toutes les belles années de ma vie ; car j'avais vingt-sept ans quand des malheurs que le temps n'a que faiblement adoucis, m'ont obligé de me renfermer ici. J'étais placé d'une manière favorable pour juger mes compatriotes. J'avais de la fortune, et par mes alliances je me trouvais des rapprochemens directs avec les castes les plus élevées de la cour et de la ville, et cependant je ne l'étais pas assez moi-même pour ne pouvoir pas considérer celles au-dessous de moi.

Mon père était fermier général et avait épousé, comme il arrivait presque toujours, une fille de qualité ; mais avant de vous parler de ma famille, je pense qu'il vous fera plaisir de connaître l'origine des finances et des financiers.— J'en aurai beaucoup à entendre tout ce que vous voudrez bien me dire. — Oh! quel était le nôtre, me disait mon père, quand nous étions parvenus à être l'un des quarante que le cardinal de Fleuri appelait à juste titre les colonnes de l'état, et pensez ce que c'est que quarante colonnes pour soutenir un édifice comme la France, et quelles colonnes que celles-là. Cependant on avait un peu nui à notre solidité, depuis que les courtisans avaient trouvé fort bon de s'associer à nous, pour les bénéfices, s'entend, car pour les fonds, c'était toujours nous qui les faisions. Comment, dit Raoult, les gens de qualité avaient des intérêts dans la ferme générale ? —Oui, et ceux, je *dis les plus hupés*. Le ministre donnait un quart, une moitié de place de fermier général à un comte, à un marquis, et alors le fermier général n'avait que les trois quarts ou la moitié de la place. Il n'en était pas moins tenu à la représentation de son état ; car on savait qu'il devait avoir au moins soixante mille livres de rente. Il fallait que sa maison fût montée en conséquence ; et s'il n'en avait que trente mille, il se ruinait et en ruinait bien d'autres, et c'était-là le mal. — Si chacun se fût mêlé de son métier, tout en aurait été beaucoup mieux. Que ne nous laissait-on, nous autres financiers, fonder des fortunes solides, on nous eût trouvé, dans le besoin, comme on avait trouvé nos devanciers; mais il n'y avait plus en finances de gens vraiment riches, on n'en pouvait point citer dont les noms fussent connus de toute la France, comme autrefois les Hocquarts, les Lallemands, les Pâris, etc., etc., etc. Ils laissèrent à leurs enfans des fortunes immenses et une grande considération, parce qu'ils avaient de la probité, et s'étaient alliés aux premières familles de la cour. Mais depuis, les fortunes financières ne passaient pas à la troisième génération, souvent pas même à la seconde. Tout était dévoré par le luxe : et un fermier-général qui autrefois faisait, en se mariant, la fortune d'une fille de qualité pauvre, vers le temps dont je parle restait garçon, ou épousait une femme de finances qui lui apportait une dot capable de payer sa dépense, sans cela il était ruiné; et si tout le temps de sa vie il se soutenait par l'art des anticipations, à sa mort on trouvait quelquefois un déficit si considérable que leurs gendres étaient obligés de rapporter la dot de leurs femmes; vous jugez comment M. le Marquis ou M. le comte étaient contens quand à la mort du beau-père il ne se trouvait rien que des dettes. En général quelques années avant la révolution, c'était à qui se tromperait dans les mariages; on le savait, on en plaisantait, et on se laissait prendre au piège. J'ai connu un homme de qualité dont les affaires étaient si mauvaises, qu'il était impossible qu'il allât six mois sans faire un éclat scandaleux : il épousa la fille d'un recéveur général qui lui apporta vingt-cinq mille livres de rente, et devait avoir un million à la mort de son père qui était fort âgé ; ce mariage ayant rendu l'espérance aux créanciers du Marquis de ***., il trouva encore cent mille francs à emprunter pour faire les frais de noce.

Rien ne fut si brillant que la première année, la jeune femme, qui ne savait pas le mauvais état des affaires de son père ni de celles de son mari, se livra à toutes les dépenses qui se faisaient alors à la cour. Au bout d'un an le financier mourut et laissa six cent mille livres de dettes au-delà de ses biens. Adieu les vingt-cinq mille livres de rente promises par le contrat de mariage. Vous jugez quel désespoir pour la jeune Marquise, au moins espérait-elle se retirer dans les terres de son mari, dont elle avait vu la pompeuse énumération dans son contrat de mariage : toutes étaient en saisie réelle, et il avait fait enlever et vendre jusqu'au plomb des toits, aussi il n'en eût pas trouvé un pour se mettre à l'abri, si un parent très-éloigné, qui vivait dans les Cevennes, n'eût pas su leurs embarras : il leur offrit un asile chez lui, il était vieux, sans enfans ; ils acceptèrent avec reconnaissance, ce qu'il leur proposait.

Heureusement pour eux, car quelquefois le malheur est bon à quelque chose ; la révolution est arrivée, ils ont émigré et se sont trouvés confondus dans la foule des nobles ruinés par les circonstances politiques. S'étant mutuellement pardonnés le mécompte qui s'était trouvé dans leur fortune, ils ont complètement oublié le rêve de leurs jeunes années ; mais il a fallu qu'ils eussent un peu d'amour et de philosophie, pour que ce double mensonge n'ait pas influé sur leur bonheur. Elle a empêché que leur amour-propre n'ait été blessé : ils se sont accoutumés à vivre de peu, aussi ils sont heureux dans leur médiocrité, il n'en a pas été ainsi d'un autre hymen qui a plus mal tourné.

Une fille de qualité élevée dans le vieux castel de son père, se trouva dans une maison, on lui fit faire connaissance avec un jeune homme très-aimable et neveu d'un financier qui passait pour fort riche ; ce neveu devait partager la succession de cet oncle avec deux autres de ses parens. Cependant comme son oncle l'avait élevé il pouvait prétendre à la plus grosse part dans la succession et obtenir par ce parent la main de la jeune personne dont il était devenu très-amoureux ; il parle donc du désir qu'il avait d'épouser l'aimable Hortence dont il se croyait aimé. Le financier avait renoncé au mariage, il assura son neveu qu'il approuvait son dessein, et qu'il l'avantagerait en faveur de cette alliance. On fait la demande, les parens acceptent, la jeune personne refuse, on la presse d'en dire la cause, elle ne veut la déclarer qu'à l'oncle, on ne s'y oppose pas : le financier avait plus de soixante ans, il était d'une figure repoussante, un tête-à-tête ne pouvait être dangereux; mais quelle fut la surprise de cet homme, quand Hortence lui dit : je refuse votre neveu, non que je ne tinsse à honneur de lui être unie, mais parce que j'en aime un autre, et j'espère que vous m'aiderez à obtenir de mes parens qu'ils me marient à celui que j'ai choisi : l'oncle déplore le malheur de son neveu; mais assure la jeune personne du zèle qu'il mettra à la servir. Il demande le nom du rival de son parent. —C'est vous, dit-elle, en baissant les yeux. — Moi, et comment ai-je pu mériter un tel bonheur? — Par vos vertus. En fallait-il plus pour tourner la tête du vieillard. Il oublia la résolution qu'il avait prise de ne se point marier. L'attachement qu'il avait pour ses neveux, principalement pour celui qui devait épouser Hortence, que n'oublia-t-il pas? et ivre de bonheur il lui demande la permission de la quitter un instant pour aller trouver son père et obtenir un aveu qui confirme celui d'Hortence.

Les parens, surpris et charmés de la raison de leur fille, l'accordèrent sans aucune difficulté au vieillard. Ils ne pensaient pas que l'avarice seule avait fait prendre à Hortence une résolution si bizarre. Le neveu fut au moment de mourir de douleur de n'avoir pas obtenu celle qu'il aimait, et de se voir frustré de sa part dans la succession. Hortence n'eut pas l'air d'y songer un instant.

Son mari l'emmena à Paris; elle était très-jolie et environnée de tout le luxe financier : aussi parut-elle dans le monde avec un grand éclat. Comme elle n'avait fait ce mariage que par l'amour de l'argent, elle voulut savoir en quoi consistait la grande fortune de son mari. Elle gagna son caissier, jeune homme qui n'avait rien à refuser aux beaux yeux de la femme de son patron; elle vit avec effroi que l'énorme dépense de sa maison ne se soutenait que par le papier de son mari qui servait à remplir le déficit; car remarquez bien qu'à cette époque,—je parle de vingt ans avant la révolution, que les finances etaient confondues avec la banque, et c'est ce qui nous perdit; mais revenons à Hortence.

Rien ne fut comparable à sa douleur, elle se voyait la femme d'un homme ayant trois fois son âge, d'une laideur effroyable, dont la fortune était sur le bord de l'abîme. Elle se consulta avec le caissier. — Il n'y a qu'un moyen, lui dit-il : vendre la charge, la maison, une superbe collection de tableaux, et, avec le prix provenant de cette vente, retirer les billets de la circulation : et que me restera-t-il ? rien, ah ! mon Dieu, quel malheur ; mais quel autre moyen ? celui d'un emprunt, rien n'est plus difficile, parce qu'il faut qu'il soit secret, la moindre nouvelle que l'on en aurait détruirait le crédit. Rien n'était plus faux et dissimulé que cette femme. Elle conçut un projet, qui selon elle devait la sauver : elle recommande au caissier le plus profond silence même vis-à-vis de son mari à qui elle ne dit pas un mot de tout ce qu'elle sait, et fonde toutes ses espérances sur la liaison intime qu'elle a formée avec deux jeunes personnes orphelines, et dont le tuteur était l'ami de son mari; elles avaient cent mille livres de rentes. Hortence se flatte qu'elle en mariera une à son cousin, et l'autre à son frère, à condition qu'ils lui prêteront l'argent nécessaire pour couvrir le déficit de la caisse de son mari. Ce cousin, que je nommerai Adolphe, pour ne pas le faire connaître, trouva cinquante mille livres de rente, une assez jolie dot pour se mésallier en épousant Charlotte, la plus belle personne que l'on pût voir. Il promit à sa cousine tout ce qu'elle voulut. Celle-ci fit trouver

Charlotte avec Adolphe. La première s'enflamma pour le cousin d'Hortence, et refusa le plus beau mariage que son tuteur lui proposait, pour épouser celui que son amie lui offrait. Le mariage se fit et devait être suivi de celui de la sœur cadette avec le frère d'Hortence ; mais le second mariage n'eut pas lieu, et les espérances de celle-ci furent déçues. Adolphe, joueur et fort mauvais sujet, et n'ayant aussi qu'une fortune présumée, mangea de celle de sa femme tout ce qu'il put, la rendit fort malheureuse, ne prêta pas un sol à sa cousine qui ne put obtenir pour son frère l'autre sœur, tant on était mécontent du premier mariage qu'Hortence avait fait faire. Tout moyen manqua pour soutenir le crédit du financier. La banqueroute la plus éclatante le plongea dans un abîme de malheurs qui n'eut plus pour lui d'autre terme que la mort. Sa femme lui reprochait, dans les termes les plus durs, de l'avoir trompée, il lui disait : ce n'est point moi, c'est vous qui vous êtes trompée vous-même. La discorde se mit parmi eux à un tel point, qu'il ne fut plus possible qu'ils vécussent ensemble. Le mari subsista quelque temps d'une petite pension que la direction de ses créanciers lui faisait. La femme, encore jeune et jolie, se retira dans sa province, où l'intendant lui enleva le seul bien qui lui restait : la réputation de mœurs irréprochables. Mais son amour pour l'argent, et son goût pour le luxe, la rendirent sensible aux soins du magistrat. Elle brilla encore un moment de ce faux éclat, mais bientôt abandonnée à son tour, elle traîna une vie pauvre et méprisée jusqu'à ce qu'enfin consumée de chagrin et de misère, elle alla rejoindre son mari qui n'avait survécu que deux ans à la perte de son honneur et de sa fortune. On plaignait le mari d'Hortence, on prétendait que sa banqueroute avait été causée par Adolphe, qui au lieu de lui avoir prêté de l'argent, lui en avait emprunté : pour moi, je ne le crois pas. Le mari d'Hortence avait une passion effrénée pour les tableaux ; quiconque a une passion et n'y met point de frein, est souvent entraîné par elle à de grands malheurs dont le moindre est la perte de la fortune.

En parlant des finances, pourrai-je oublier M. Bourette avec qui mon père était extrêmement lié, qui mérita la faveur singulière d'être l'ami de Louis XV, oui son ami. Il est vrai que jamais homme ne fut plus aimable, et ne reçut de la nature une générosité plus ingénieuse. Je pourrais vous en citer mille traits, je me borne à celui-ci : M. le chancelier de Lamoignon se plaignait de n'avoir pu s'attacher aucun chien ; qu'il voudrait en avoir un qui n'aimât que lui : Bourette l'entend, fait chercher le plus beau chien épagneul, se fait faire une cimare et une grande perruque et s'en revêt toutes les fois qu'il caresse le chien ; il fait plus, seul il donne à manger au petit animal et lui fait donner des coups de fouet par ses domestiques. Quand le chien fut parfaitement élevé, il l'envoie chez le chancelier avec ordre de le lâcher à la porte du cabinet de M. de Lamoignon, et de se retirer aussitôt. L'épagneul aperçoit la cimare, la grande perruque, et persuadé que c'est celui qui l'a nourri, choyé, caressé, il court se jeter à ses pieds et lui fait mille singeries. Le chancelier charmé de sa beauté, de son amabilité, le prend, le caresse ; et voyant que le chien grogne, tout autre que lui, dit: c'est *Bourette* qui me l'envoie, lui seul est capable d'une attention si délicate; mais comment a-t-il fait? Et ceux qui étaient dans la confidence le lui expliquèrent, et c'était ainsi qu'il se conciliait la bienveillance de tout ce qui était en place ; mais surtout il mettait une recherche au-delà de tout, ce que l'on peut dire, lorsque le roi honorait de sa présence le beau pavillon qu'il avait fait construire à

Croisé-Fontaine, pour servir de repos de chasse à Sa Majesté. Louis XV aurait été le plus aimable particulier, et jouissait, avec une bonté parfaite de l'espèce d'idolâtrie que Bourette avait pour lui; mais ce n'est jamais impunément que l'on s'approche trop des grands. La manie du confrère de mon père pour tout ce qui était attaché à la cour l'entraînait dans des dépenses énormes qui le ruinaient. Cependant le roi entrait dans les détails domestiques de celui à qui il avait permis de l'aimer: il paya deux fois ses dettes, mais à la mort du monarque il s'en trouva de nouvelles, n'ayant point l'espérance que Louis XVI dégnât, comme son ayeul, se charger de les acquitter; car on counaissait l'esprit d'ordre du monarque. Bourette en conçut un si grand chagrin, qui, joint à celui de la perte de Sa Majesté, lui causa une maladie aigue, dont il mourut en 24 heures, ne laissant après lui que le souvenir de ses prodigalités, bien différentes pourtant de celles de presque tous les gens riches, pour qui en général ont été faits ces vers de Corneille :

 Tel donne à pleines mains qui n'oblige personne,
  La façon de donner vaut mieux que ce qu'on donne.

voilà ce qui contrastait, disait mon père, lorsqu'il parlait de Bourette, avec les manières de mon pauvre ami qui possédait au dernier degré celle d'obliger.

Un jour je demandais à mon père quelques renseignemens sur l'origine des finances, il me répondit : oh ! pour cela mon fils vous vous adressez mal : j'ai toujours su ce que ma charge me rapportait, j'ai toujours réglé ma dépense en conséquence, mais du reste, je ne m'embarrasse de rien que de commander mon dîner qui est un des meilleurs de Paris, puis je vais dormir à l'opéra, je reviens faire un brelant, je soupe ou chez moi ou ailleurs; je rentre à une heure du matin et je recommence le lendemain : je ne gêne en rien madame de ***, elle ne me gêne pas non plus, elle est environnée d'évêques, d'ambassadeurs, de colonels, de gens de lettres. Ma mère était un bel esprit, et n'en était pas moins aimable. Elle avait été d'une figure remarquable, mon père lui donnait tout ce qu'elle demandait, elle n'en abusait pas, mon père reprit, j'ai cependant entendu dans nos assemblées agiter les questions que vous me faites, et voici à peu près ce que j'ai retenu de ces dissertations : il y eut m'a-t-on dit des financiers quand il y eut des impôts ; depuis que ceux mis pour contribuer à la rançon du roi Jean furent devenus permanens, l'usage de les donner à ferme s'introduisit dans le même temps ; mais alors ils étaient affermés par villes, par diocèses, par provinces ; par la suite les grands seigneurs s'étant emparés de la perception des droits qui avaient lieu dans l'étendue de leur gouvernement, ou l'ayant obtenue à titre d'aliénation ou d'engagement, ils la faisaient faire à leur profit. Ces abus subsistaient lorsque Sulli fut appelé à la surintendance des finances, et une de ses premières opérations fut de retirer tous ces droits et de les tendre aux domaines. On créa ce qu'on nommait les cinq grosses fermes qui étaient censées affermées par un seul particulier qui se nommait Nicolas Salzar, et au nom duquel se faisaient tous les procés qui survenaient dans la levée des impôts sur la ferme. M. Salzar avait 12,000 francs de rente et vivait fort tranquille, n'ayant rien à faire qu'à signer le bail qui se renouvelait, je crois tous les six ans.

En voilà assez pour vous faire connaître nos financiers, mais je vous ai promis, mon cher Raoult, de vous faire parcourir avec moi les différens états qui, au moment de ma naissance, partageaient la société et existaient encore lorsque je l'ai quittée, en sachant quels étaient mes parens, vous jugerez si j'ai été à portée de connaître ceux dont je veux vous entretenir.

Vous savez déjà quel était mon père, ma mère avait une sœur aînée qui avait épousé un président de grande chambre du parlement de Paris qui se nommait de Légerville, une beaucoup plus jeune épousa un colonel d'artillerie retiré du service, et vivant dans ses terres ; mon père était frère de la jolie Marquise de Marsac, dont le mari était exempt des gardes du corps, et elle était attachée à madame Victoire, fille de Louis XV. Parmi des parens plus éloignés et que ma mère ne voulait pas voir, étaient un notaire, un avocat, un banquier. Elle ne conservait quelque dehors de politesse qu'avec M. de Boissi, cousin-germain de mon père, fermier général des poudres, cependant il avait épousé la fille d'un gros marchand de draps de la rue S.-Antoine; mais on voyait peu la femme qui ne possédait d'autre mérite qu'une riche dot. J'allais chez elle, parce que mon père aimait beaucoup M. de Boissi. Ce fut chez sa femme que je connus ceux de sa caste. Des folies de jeunesse m'ont quelquefois fait descendre encore au-dessous. Le goût de l'observation m'a porté à connaître des classes plus obscures. J'ai la mémoire très-présente de tous les différens tableaux qui ont passé sous mes yeux, et je vous en rendrai un compte fidèle et sourtout impartial; mais il est tard, rentrons. Il ne faut pas que j'oublie que je n'ai pas, comme mon père, trois à quatre cuisiniers. L'heure du souper approche, et ils quittèrent la forêt pour aller gagner la maison.

CHAPITRE XVIII.

Je ne vous ennuierai point, mon cher Raoult, des premiers momens de mon enfance qui n'ont d'intérêt que pour nos parens, dit Théodore à son jeune ami au moment où ils venaient faire du feu dans le joli cabinet de l'ermite, pour y passer la soirée, parce qu'une pluie assez constante pendant la journée avait empêché de sortir. Je passe donc le temps où l'idolâtrie que ma mère avait pour moi, lui permit enfin de me confier à un précepteur ; car il était d'usage de nommer ainsi un homme toujours habillé en abbé, à manteau court et en rabat; qu'il fut ou non ecclésiastique. L'abbé Ramond, c'était le nom de mon précepteur, était prêtre; ma mère lui avait fait avoir un bénéfice simple : on appelait ainsi ceux qui n'avaient point charge d'âme, et dont on acquittait tout le devoir, en récitant le bréviaire. L'abbé Ramond était un excellent homme, un peu pédant, fort complimenteur et de mœurs excellentes. Quand nous avions bien travaillé toute la matinée, et qu'il était content de moi, il me conduisait aux Tuileries, là il trouvait d'autres précepteurs, comme je trouvais des camarades. MM. les abbés, tant que nous n'étions que des enfans, se débarrassaient de nous et nous confiaient aux gouvernantes de nos jeunes parentes, qui ne pouvaient comme les précepteurs, quitter leurs élèves. L'abbé Ramond me recommandait à la gouvernante de ma petite cousine, mademoiselle de Marsac qui promettait d'être aussi jolie que sa mère, et que j'aimais de tout mon cœur, et alors l'abbé allait se promener de son côté, et ne venait me reprendre qu'à l'heure où mademoiselle de Marsac quittait les Tuileries. Quelquefois ma mère y venait les jours où il était de bon ton d'y paraître. Je la voyais passer avec sa sœur, la femme du président au parlement ; et tout enfant que j'étais, je ne concevais pas pourquoi il y avait une si grande différence dans la manière dont elles étaient mises.

Quand je fus un peu plus âgé, je le demandai à mademoiselle St.-Aubin, c'était ainsi que s'appelait la gouvernante de ma cousine qui était une fille aimable et d'une quarantaine d'années. Elle avait de l'esprit, de l'usage du monde, aimait à parler, et nous aimions à l'entendre : elle se faisait un plaisir de répondre à nos questions. Chaque état, nous dit-elle, se distingue par la manière dont on se met, et je parie ne pas me tromper, et vous faire connaître, à la seule inspection de la toilette, les femmes qu se promènent dans le jardin ; ma cousine l'en pria.

Madame votre mère, me dit-elle, comme femme d'un fermier général, a le droit, par la grande fortune de son mari, et par sa naissance, de suivre, à l'exception du grand habit de cour; toutes les modes des femmes présentées; et on ne distingue à Paris une fermière générale d'une duchesse, que parce qu'elle a plus d'élégance et de fraîcheur dans sa toilette. Elle porte comme elle les robes d'or et d'argent, les diamans, elle met du rouge, on lui porte la robe, elle a un sac (1) à l'église.

Les femmes de robe, c'est ainsi que l'on nomme celles des magistrats, jouissent de ces deux prérogatives; mais leur parure est bien plus modeste.

Les femmes de magistrats de cours souveraines, sont presque toujours filles de gens de robe, toutes reçoi-

___
(1) Un grand sac de velours cramoisi galonné d'or, que le premier laquais posait sur la chaise de sa maîtresse, et dans lequel étaient ses livres de prières.

vent dans leur enfance une éducation sérieuse. Le parlement de Paris est janséniste, et leurs femmes par conséquent le sont aussi. Que l'on ne s'attende pas que j'aille expliquer ici ce que veut dire ce mot qui a fait tant de bruit sous Louis XIV, et que l'on n'entend plus aujourd'hui, que comme désignant des gens tristes, austères, penchant le col, fuyant tous les plaisirs permis, et mettant la dévotion si haut que l'on ne peut y atteindre. Il est, dit madame St.-Aubin, une église dont ils se sont emparé. Là toutes les femmes ont de petits bonnets de dentelles, point de fleurs, point de rubans, point de garnitures à leurs robes, c'est en cela qu'elles font consister toute leur religion. Du reste, elles n'ont aucune soumission pour le pape, et leurs directeurs les encouragent dans cet esprit d'insubordination. Nos dames du parlement ne s'éloignent pas avec autant de scrupule des modes; elles en évitent seulement les excès; elles ne mettent point de rouge, ce qui est une grande marque de dévotion; elles assistent aux offices de leurs paroisses; ont un directeur homme sévère qui ne permet aucun plaisir profane : point ou peu de spectacle; point de bal, d'opéra, des danses de société, mais où l'on ne veille point. On ne trouve presque jamais la femme d'un conseiller de grand' chambre à des soupés d'apparat. L'obligation où sont leurs maris d'être à cinq heures du matin au palais, fait qu'ils se couchent de bonne heure, et leurs femmes ne veillent pas davantage. Cette vie sérieuse se perpétue de mères en filles, et leur donne, ainsi qu'à leurs maris, quelque chose de roide dans les manières.

Leurs hôtels ont aussi une teinte sombre, leurs meubles sont beaux, mais antiques. Le quartier qu'ils habitent de préférence est le marais, il a une physionomie différente des autres quartiers de Paris. De grandes maisons avec d'assez petites portes cochères; point ou presque point de boutiques, rendent les rues du marais aussi ennuieuses que l'est en général la société de ce quartier. Cependant la Place Royale et la rue St.-Louis rappellent encore quelques souvenirs des beaux esprits qui y habitaient du temps des Sevigné, des Lafayette, des Scaron.

Elle nous fit voir une femme de la haute bourgeoisie, et je me souviens que je me sentis rougir, parce que c'était précisément la parente de mon père qui avait épousé un notaire chez qui il m'avait mené, en me recommandant de ne pas le dire à ma mère. Voyez, dit-elle, quelle différence : le bonnet de dentelle à barbe, la coëffe de dentelle noire, le mantelet de taffetas, rien qu'une considération (1), de simples boutons de diamans pour boucles d'oreilles, point de girandole; celle-là est apparemment plus riche qu'une autre, car elle a un collier de diamans et des bracelets. Madame St.-Aubin nous montra la femme d'un mar-

---

(1) On appelait ainsi un panier bien plus petit que ceux que portaient les femmes de la haute société.

chand détaillant, il y avait peu de différence avec la première ; mais point de diamans, et la robe absolument ronde et sans garniture ; et la jolie grisette qui me parut charmante, j'en parlerai plus tard. J'aimais beaucoup madame St.-Aubin et ma jolie cousine ; mais je ne jouis pas longtemps encore du plaisir de la voir le soir aux Tuileries. Il fallait, me disait-on, s'occuper de son éducation et il n'en était pas d'une gouvernante comme d'un précepteur : elle ne servait en rien pour l'instruction, on ne lui demandait qu'un langage pur, des manières polies et une exacte surveillance. A cette époque on ne connaissait, pour les filles bien nées, que l'éducation que pouvaient leur donner les religieuses. Ma jolie cousine fut mise avec sa gouvernante à l'abbaye de Panthemont, dont une princesse de Rohan était abbesse. J'obtins facilement de ma mère la permission de l'y aller voir avec l'abbé. Ces grilles m'affligèrent, et le temps qu'il faut toujours attendre dans les parloirs me désolait : parce que c'était autant de pris sur celui que l'abbé voudrait bien passer à la grille; car là, il ne pouvait pas me laisser pour aller promener. Enfin mademoiselle de Marsac parut : elle me sembla triste, et je la trouvai pâle. Elle me dit, avec sa franchise ordinaire, qu'elle s'ennuyait beaucoup, que cependant elle n'avait pu s'empêcher de rire d'une conversation qu'elle avait eue avec la maîtresse des pensionnaires.

Vous saurez, mon cher Théodore, que les pensionnaires prenaient leurs leçons dans un parloir obscur, devant cette vieille religieuse qui dit son rosaire pendant que Vestris fait figurer ses écolières, cette bonne mère ne manque pas de dire, quand la leçon est finie : oh! mon enfant, quel art pernicieux que celui de la danse, et encore ce n'est rien que vos leçons si on les compare avec ces bals que l'enfer a inventés pour la perdition des âmes. Dieu vous préserve, ma pauvre petite, de jamais y aller. Pensez donc ce que c'est que de faire toutes les figures, que vous apprend M. Vestris, avec un beau jeune homme, de lui donner la main, de tenir vos yeux arrêtés sur les siens, de permettre qu'il enlace dans ses bras votre taille svelte; on ne peut penser à tout cela sans frémir. La maîtresse des pensionnaires ne devait pas dire autre chose, interrompit l'abbé ; car au vrai, la religion chrétienne ne s'accorde pas avec les inventions du monde. — Mon cher abbé, répondis-je, mon père m'a dit que son maître à danser avait eu pour écolier un grand vicaire à qui il apprenait à saluer, et à se présenter avec grâce.—Quelle folie. —Non, cela est vrai. Mademoiselle de Marsac reprit : ce que me disait la religieuse me paraissait bien exagéré, et je me rappelais ce que j'avais entendu. Madame de Jolibois disait à sa fille, quand elle prenait une leçon de danse dans son salon somptueusement meublé, dont les glaces répétaient de tous côtés son image : — Quoi! ma fille, ne ferez-vous donc jamais attention à ce que vous dit M. Vestris : votre danse sera-t-elle toujours sans expression ? en vérité, on dirait une pensionnaire de couvent. Animez donc vos regards, donnez à votre taille cette souplesse qui est le charme de la danse. Je vous ai menée à l'opéra pour vous faire voir la charmante Guimard, j'espérais que cela vous donnerait quelqu'idée de cet art, qui, porté à un degré supérieur, tient lieu de beauté, quelquefois de fortune. Combien n'a-t-on pas vu d'hommes à qui un menuet avait tourné la tête (1). D'ailleurs, cet art n'est pas comme les autres, il influe sur toute la vie. La femme qui a bien dansé dans sa jeunesse, conserve des grâces dont le printemps de la vie ne se passe jamais, et qui

---

(1) La mère le disait, mais je crois qu'elle exagérait beaucoup.

rendent la vieillesse supportable. Enfin, ma fille, je prétends que vous effaciez au prochain bal vos compagnes, ou je ne vous mènerai plus à aucune assemblée. Pensez que voilà dix ans que vous avez les meilleurs maîtres de danse de Paris.

Madame de St.-Aubin ne put s'empêcher de sourire de la manière dont mademoiselle de Marsac contrefaisait la religieuse et la comtesse. Cependant elle se joignit à l'abbé pour défendre les premières. Je dirai ici en passant, que je crois que ces saintes filles n'en savaient pas assez pour être d'habiles institutrices. Il est vrai que jusqu'à l'époque où l'on changea l'éducation des femmes, on les dispensait, ainsi que les militaires, de savoir l'orthographe. J'en ai connu une qui avait été élevée au couvent et qui écrivait ainsi le mot honnête *aulnaitre*; une autre, dans un billet d'invitation, mettait M. le marquis et madame *la marquise de* *** *vous prie de leur fairent l'honneur*, etc., etc. les femmes et tout ce qui n'était pas sensé savoir le latin par état, ne s'embarrassaient point de savoir les principes de la grammaire. Mademoiselle de Mornai qui avait été élevée à St.-Cyr, disait : à quoi bon se fatiguer la tête par ces mots barbares, de substantifs, participes, etc. Il n'y a qu'à écrire un mot, on le regarde et on voit s'il est bien ou mal. Je doute, quelque sagacité qu'eût mademoiselle de Mornai, qu'elle pût, en regardant un mot, savoir si elle l'avait mis au temps, au genre, au nombre où il devait être ; et sa nièce qui avait participé à la nouvelle méthode d'élever les jeunes personnes, m'a dit souvent que sa chère tante ne devinait pas toujours juste les règles grammaticales par la seule inspection. C'est ainsi que les religieuses enseignaient l'orthographe (1). La religieuse lisait à haute voix, puis la maîtresse épelait tous les mots que l'on venait d'écrire, et alors les élèves corrigeaient les fautes qu'elles avaient faites ; mais sans aucun autre principe. Aussi sortaient-elles du couvent sans avoir la plus légère idée de grammaire; mais quand on eut donné aux jeunes personnes ce que l'on appelait un maître d'histoire, elles participèrent à toutes les connaissances qui jusqu'alors

---

(1) Ce qui a beaucoup de rapport avec la méthode de l'enseignement mutuel.

n'avaient été réservées qu'aux hommes (1). Plusieurs étudiaient le latin, toutes apprenaient leur langue par principes, beaucoup l'italien et l'anglais. Avant, elles ignoraient l'arithmétique; car on n'avait, jusqu'à la fin du dix-septième siècle, compté qu'avec des jetons, et exprimé les sommes en chiffres romains. Les états de la maison du roi, jusqu'en 1760, étaient écrits sur des rouleaux de parchemin, que l'on appelait écroux, c'est-à-dire arrêtés, les som-

---

(1) Il est à remarquer que du temps de Louis XIII, et au commencement du règne de Louis XIV, les femmes savaient, presque toutes, le latin, l'italien et l'espagnol. De qui apprenaient-elles ces langues? Des religieuses qui les savaient alors. La mère Angélique, de Port-Royal, était plus instruite que ses frères.

mes portées en chiffres romains dont on ne pouvait faire l'addition et soustraction qu'avec des jetons, et de là venait l'usage que les comptables de la chambre des comptes, donnaient aux membres de cette cour, des bourses de jetons d'argent, en leur remettant leurs comptes. Cet usage des jetons avait introduit celui d'en donner pour toutes les présences dans les différentes compagnies. Lorsque toutes les administrations eurent pris les chiffres arabes, les femmes comptaient encore avec les jetons le mémoire de leur cuisinier, comme le malade imaginaire, les parties de son apothicaire; mais les nouveaux instituteurs des jeunes filles, leur apprirent ce que l'on appelle les quatre règles. Quelques-uns y joignirent les règles de trois et de compagnie, quelques notions des carrés, des cubes et des élémens de géométrie. Il y en eut même qui, malgré le ridicule dont Boileau charge les femmes astronomes, apprirent, avec Fontenelle, à suivre le cours des astres ; madame Duchâtelet et le Potre le disputèrent aux Cassini et aux Lalande, et mademoiselle Méchin interrompait le repos de la nuit pour aider son respectable père dans ses *observations astronomiques*.

Je me suis un peu écarté de mon sujet, parce que je voulais vous faire voir le changement subit qui s'opéra dans l'éducation des femmes, dont il serait difficile d'assigner la cause : on ne peut pas la trouver parmi nos princesses : la reine, femme de Louis XV, et madame la Dauphine donnèrent de grands exemples de piété; mais ni l'une ni l'autre ne fut, comme les Médicis, protectrice des arts. Il resterait encore une grande question à résoudre pour savoir si les mœurs y gagnent; je le crois, les muses sont vierges. — Après ce mot auquel on aurait pu répondre, l'ermite en resta là pour cette soirée.

CHAPITRE XIX.

Je reviens aux différentes périodes de mon existence et aux observations que déjà je commençais à faire, dit Théodore, en s'asseyant sur un banc à la porte de l'ermitage. Ma mère était allée aux eaux, car une jolie femme se doit au soin de sa santé: mon père en profita pour me mener voir un de ses oncles, frère de sa mère qui était prieur de l'abbaye de Coulomb, à deux lieues de Maintenon; il emmena aussi avec lui l'abbé Ramond, et un domestique dont il connaissait la discrétion, Nous partîmes en poste, et personne dans l'hôtel ne sut où nous allions : on crut que mon père faisait une tournée pour l'intérêt de sa compagnie. Dès qu'on eut dit à dom Chavet que nous étions arrivés, car son neveu l'avait prévenu qu'il viendrait le voir, il se hâta d'accourir, et se jeta dans les bras de son parent. Je vois encore ce bon petit père, c'était ainsi que son neveu l'appelait; il n'avait guère plus de quatre pieds de haut ; mais sa physionomie était celle du plus honnête homme et de l'être le plus sensible que l'on pût connaître : après avoir témoigné à son neveu tout le plaisir qu'il avait à le voir, il me fit mille caresses, il s'informa des nouvelles de ses parens avec un véritable intérêt. Après les premières effusions de tendresse, il nous présenta à sa communauté qui était rassemblée dans une fort belle salle du meilleur goût d'architecture, dans le genre noble et simple. Chauffez-vous, mes amis, nous dit-il: voilà complies qui sonnent, je viendrai aussitôt après vous rejoindre; il nous quitte, laissant avec nous un chevalier de St.-Louis, que j'ai su depuis demeurer dans cette maison où il payait une très-petite pension, et où il était parfaitement logé, soigné en santé et en maladie. Il fit à mon père le plus grand éloge du prieur et de ses moines, qui sont, me dit-il, de très-honnêtes gens. Si vous passez ici quelques jours, vous y verrez fort bonne compagnie en hommes et en femmes.—En femmes?—Oui, des femmes aimables et très-vertueuses qui viennent avec leurs maris ou leurs frères. Un moment après le prieur revint de complies; pendant qu'il causait avec mon père, j'examinais son habit qui me parut un peu bizarre.

Une tête complètement rasée, enfermée dans un capuchon, serré sur les oreilles, une robe noire très-étroite avec un scapulaire par dessus, des souliers de cuir attachés avec une espèce de clou à tête; tel était l'habillement de ces moines qui, depuis leur fondateur, n'avait éprouvé, me dit mon oncle, aucun changement; lorsqu'ils sont en chœur ou en cérémonie, ils mettent une coule, c'est une robe d'avocat beaucoup plus ample que celle du palais; mais revenons au prieur:

Il s'approcha d'un officier de dragons qui entrait à l'instant et lui demanda, avec beaucoup de politesse, ce qui lui procurait l'honneur de le voir : il lui dit, que charmé de la beauté d'une prairie que l'Eure arrose, au lieu de suivre la grande route, il l'avait traversée, et ne retrouvant plus son chemin, il avait demandé où il pourrait passer la nuit : qu'on l'avait assuré dans le village qu'il serait reçu à l'abbaye, et qu'il y était venu ; il se nomma. — Mon oncle connaissait sa famille qui était dans le parlement de Bordeaux, et sut aussi qu'il était ami d'un capitaine d'artillerie qui demeurait dans le voisinage : si vous nous faites l'honneur de rester ici demain, dit mon oncle, vous le verrez et sa femme ; l'officier accepta, plusieurs personnes nous joignirent, à qui mon oncle nomma mon père. On proposa de faire des parties : les uns se mirent au trictrac, d'autres aux dames ou aux échecs ; on ne joue point ou presque point d'argent : à sept heures du soir on vint nous avertir que le souper était servi, je croyais ne trouver que du maigre, parce que je savais que les bénédictins ne faisaient point gras, mais à ma grande satisfaction, on servit des viandes, du poisson, des légumes et des œufs. Le procureur et d'autres religieux, soupèrent avec ce qu'on appelle les hôtes ; leur conversation était grave sans pédantisme, je remarquai que des quatre moines il n'y eut que le procureur qui mangeât de la viande ; croyant que mon père s'en scandalisait, il me dit : qu'obligé de faire des voyages fréquens pour les intérêts de la communauté, il avait une dispense du général pour faire gras, excepté les jours d'abstinence commandés par l'Église.

Le souper était très-abondant, mais la cuisine assez mauvaise ; le vin du cru, il n'était point d'usage chez les bénédictins d'en boire d'autre : heureuses les maisons situées dans de bons vignobles.

Après le souper, on nous conduisit dans un grand bâtiment extérieur où nous trouvâmes une chambre très-propre, bon feu dans la cheminée, deux bougies, une robe de chambre pour mon père et des pantoufles. Le domestique qui nous conduisait nous dit, qu'il y avait toujours dix à douze personnes tant du voisinage que des différentes provinces, parens ou amis des moines, qui logeaient à l'abbaye, ce qui n'empêchait pas que l'on ne reçût tous les pauvres voyageurs à qui on donnait à souper, et de la paille fraîche dans un bâtiment destiné à cet effet. En outre, ajouta-t-il, tous les jours à midi, nos pères donnent de la soupe à tous les pauvres de la paroisse, vieillards, enfans, malades ; ils font travailler tous les autres : ah! monsieur, on n'a pas d'idée de tout le bien qu'ils font ; ils entretiennent un maître et une maîtresse d'école, et si les paysans ne savent pas lire c'est leur faute et non celle de leurs bienfaiteurs.

Mon père fut fort aise d'apprendre aussi naïvement tout le bien que faisaient ces bons moines dont on commençait à dire tant de mal. Je dormis profondément jusqu'au lendemain, je descendis avec mon père dans les jardins qui me parurent fort beaux. Nous trouvâmes, dans une longue allée de charmille, un religieux qui paraissait rêver profondément, mon père s'approcha de lui sans qu'il l'aperçût; nous le saluâmes et il eut l'air étonné de nous rencontrer; mais il se remit et me demanda si nous n'étions pas les parens du prieur qu'il avait vu arriver hier à l'abbaye, mon père lui dit qu'il ne se trompait pas. Ce religieux était encore jeune, et cependant on voyait sur sa physionomie des traces profondes de douleur. Je vous demande pardon, lui dit mon père, si j'ai interrompu les réflexions dont vous paraissez occupé. — Ah! mon Dieu, j'aurai bien le temps de les reprendre : voilà quinze ans que je suis engagé ici par des vœux. — Quinze ans ? — Eh ! comment si loin de la majorité, avez-vous pu prendre un engagement d'une telle importance? — La loi m'y autorisait alors : la sagesse du roi a depuis retardé les vœux jusqu'à vingt-deux ans, et je sais par expérience combien cette loi est avantageuse; car si je n'avais pu faire mes vœux qu'à cet âge, je ne serais pas moine. — Est-ce que vous n'êtes pas heureux ? — Je le suis, si on appelle être heureux l'absence du mal ; mais cela ne fait pas selon nous le bonheur. — Qui vous a forcé de vous faire moine ? — L'ambition, l'orgueil de mes parens. Ils me sacrifièrent à un frère aîné, celui-ci est mort un an après que j'étais engagé irrévocablement dans l'état monastique, je m'y suis toujours déplu depuis ce moment : on a tout employé pour me faire relever de mes vœux, cela a été impossible et je suis condamné à végéter ici, peut-être quarante à cinquante ans; car, il en faut convenir, la régularité de la vie que nous menons, l'absence de toutes inquiétudes physiques, prolongent nos jours que l'ennui dévore, et cependant il en est beaucoup parmi nous qui, n'ayant rien à regretter dans le monde se trouvent fort contens de leur sort. Tenez voilà dom Bourote, hystoriographe de la province du Languedoc, qui vient à nous, celui-là vous vantera les charmes de la vie claustrale.

Il vint en effet nous trouver, sa physionomie était gaie et spirituelle. Eh bien, dit-il, monsieur, vous venez visiter de pauvres moines que vous croyez ensevelis sous la cendre et la haire. Eh! serait-ce honorer Dieu que de rendre ses créatures misérables dans le temps que des persécutions conduisaient les chrétiens aux supplices. De grandes austérités étaient peut-être nécessaires pour inspirer le mépris de la vie ; mais à présent que l'on n'a pas à craindre de renoncer à sa foi par l'horreur qu'inspire les souffrances, je crois que nous avons fort bien fait de nous en tenir à une vie régulière qui nous donne le moyen de travailler pour l'utilité de nos frères et la gloire de notre ordre. Pour moi je ne changerais pas mon sort pour celui de l'homme le plus riche et le plus puissant de la terre. Je suis venu passer ici les vacances avec un de mes anciens condisciples que j'aime de tout mon cœur; mais j'habite ordinairement l'abbaye St.-Germain-des-Prés à Paris, et j'ai dans cette maison tout ce qui peut rendre la vie heureuse. Ma cellule, comme le dit un grave auteur, est mon amie, rien n'y trouble ma paix. Je travaille sans craindre les importuns. Chaque jour je lis deux volumes in-douze et je compose quelques pages de mon histoire du Languedoc, que j'espère terminer avant ma mort. Quand je suis fatigué, je me rends dans les jardins, où je trouve quelques-uns de mes confrères, gens d'esprit, et qui ayant plus de rapport que moi avec le dehors, m'en rapportent des anecdotes qui me réjouissent; car j'aime à rire sans blesser l'amour du prochain. Je ne me suis jamais trouvé en opposition avec aucun des autres religieux parce que je n'ai jamais voulu accepter la moindre dignité dans l'ordre. Mes confrères m'en ont donné l'équivalent, bien plus à mon gré, en m'y exemptant, à cause de mes travaux littéraires, de toute assistance du chœur, et de toute charge dans la maison. Voilà quarante ans que j'habite l'abbaye, et j'espère y mourir, ce qui n'arrive guère à aucun de nous; car ce qu'il y a de plus fâcheux dans notre état, c'est d'être obligé, suivant la fantaisie d'un visiteur de l'ordre, de quitter le pays, la ville, la maison qui vous convient, pour aller à trente, quarante lieues de là, quelquefois plus loin, sans avoir aucun moyen de s'y opposer. Du reste il faut convenir qu'il est peu d'état plus heureux que le nôtre. Je fus de son avis, et peu s'en fallut que je ne priasse mon père de me permettre de m'enrôler sous les bannières de St.-Benoit. Cette fantaisie dura peu, nous continuâmes à nous promener avec ces bons religieux et nous vînmes au bord d'une très-belle pièce d'eau où l'on pêchait, et le poisson que l'on prenait, était porté dans les cuisines. Déjà le marayeur en avait apporté de Dieppe pour le dîner du prieur et celui de la communauté que l'on servait à onze heures. Comme nous sortions des cuisines, nous rencontrâmes le célérier qui nous fit voir les caves, le cellier, le pressoir; je remarquai que tout était parfaitement entretenu, et que, dans ce grand nombre de bâtimens, il n'y en avait pas un seul qui fût délabré.

Le procureur nous mena à la ferme, dont j'examinai les détails, tout y était dans le plus grand ordre : les bestiaux superbes et nombreux. Voilà, me dit le procureur, quatre-vingts ans que nous avons pour fermiers ces braves gens de père en fils, et nous n'avons pas augmenté leurs baux d'un louis d'or, aussi nos terres sont soignées comme si elles étaient à eux, parce qu'ils savent bien qu'on ne les leur ôtera jamais ; mais ce qui est bien intéressant pour l'état, c'est l'administration de nos bois. La loi, qui nous oblige à des réserves dont les coupes sont bien plus éloignées que celles des particuliers, ménage des ressources infinies; dans cette production que l'on ne peut trop conserver par l'utilité extrême dont elle est, et que l'on ne sent qu'après qu'on en est privé.

Nous rentrâmes, on nous offrit à dejeuner; mais sachant que nous dînions à midi, je préférai attendre: j'entrai dans l'église, elle était vaste, surtout le chœur qui aurait pu contenir cent moines, et il n'y en avait pas vingt. J'assistai à un des offices du matin, je trouvai qu'il se faisait avec piété, sans cagotisme. Le chant était grave, et les voix des moines, en général, fort belles. La plupart disaient la messe tous les jours; mais n'y étaient point obligés, parce qu'ils n'attendaient pas pour vivre, comme tant de pauvres prêtres, ce faible honoraire.

On rentra dans la grande salle où étaient quelques religieux, ils s'entretenaient d'un chapitre général qui devait avoir lieu dans quelque temps pour la nomination d'un général de l'ordre. — Quoi ! dit mon père, est-ce que vos généraux ne sont pas à Rome. — Non, et c'est ce qui fait que nous sommes plus attachés à l'état que les religieux des autres ordres. Ce général n'est que pour les couvents de France. Il n'en est pas de même de celui des prémontrés d'où dépendent tous ceux de l'Europe. Mon père demanda combien de temps durait le généralat. — Trois ans. — Il peut se prolonger jusqu'à six. Le général quitte ensuite cette dignité et rentre dans la classe des autres religieux; et cependant cette puissance momentanée est très-recherchée, et on voit presqu'autant d'intrigues pour l'obtenir que dans les cours pour être ministre. — Eh! que devient l'humilité chrétienne. La conversation fut interrompue par l'arrivée de la société dont on avait parlé la veille.

Le capitaine d'artillerie, sa femme et de ix autres dames du voisinage venaient voir le prieur qui les retint à dîner; il fut plus recherché que le souper: du gibier excellent, le plus beau poisson, des écrevisses superbes; mais mon père regrettait que tout cela n'eût pas été accommodé par un meilleur cuisinier. Le dîner fut fort aimable, les bons pères s'égayèrent avec décence et dirent des choses spirituelles aux dames, qui ne paraissaient pas les offenser ni leurs maris. On joua à quelques jeux de société, et à la fin du jour les dames remontèrent en voiture. En me souvenant, bien des années après, de tout ce que j'avais vu et entendu dans cette réunion, je l'examinai en critique sévère, je ne vis rien qui fût contraire à la vertu. Nous passâmes à l'abbaye quinze jours, mon père et l'abbé Ramond causant avec différens religieux. L'abbé parla avec éloge des services qu'avait rendus l'ordre, non-seulement à l'église, mais encore à la littérature. Nous avons toujours eu, dit mon grand oncle, des savans parmi nous, surtout dans la congrégation de St.-Maur. Nous possédons de très-belles bibliothèques et nous nous occupons fort peu du ministère. Il nous reste beaucoup de temps à donner à l'étude ; mais croiriez-vous que cette occupation si analogue à notre état, nous a valu des tracasseries sans nombre. Vers l'an 1670, il parut un ouvrage ayant pour titre: *de la sainteté des devoirs de la vie monastique*, dont le fameux Bouteiller de Rancé était l'auteur. Il l'avait composé pour prouver que les moines ne devaient point écrire. Le fondateur de l'ordre de la Trape, si vous donnez ce nom à la réunion de religieux qui ajoutent à la règle de St.-Bernard, de grandes austérités et une abnégation parfaite de toutes les jouissances de la vie temporelle, mais dont la règle ne fut point approuvée par le pape ; l'abbé de Rancé voulait que ses moines fussent morts à toutes les facultés de l'esprit, et il les appliquait à un travail pénible, tel que le labour et tous les travaux de la campagne, et il prétendait que c'était ainsi que devaient vivre des moines. Dom Mege l'un des nôtres (1) réfuta plusieurs des propositions que l'abbé de

---

(1) Les Bénédictins se donnaient le Dom, joint à leurs noms de famille, et n'aimaient pas qu'on les appelât pères.

La Trape avait avancées dans cet ouvrage, et dans son explication de la règle de St.-Benoît. M. de Rancé répondit avec plus d'aigreur qu'on aurait dû attendre d'un homme qui avait été nourri, en quelque sorte, par les muses. Dès sa plus grande jeunesse il avait traduit Anacréon, donné une traduction fançaise d'Homère; mais il semblait qu'en quittant le monde, il avait renoncé à toutes les jouissances de l'esprit qui l'y avaient fait occuper un rang distingué; mais il conservait une imagination brillante et un style rapide qui se font remarquer dans tous ses ouvrages. Nous lui opposâmes le père Mabillon, l'un des hommes les plus savans de son temps: c'est de lui que voulait parler Labruyère, lorsqu'il dit: une personne humble, enfermée dans son cabinet, qui a médité, cherché, consulté, confronté, lu ou écrit pendant toute sa vie, est une personne docte; mais rien n'est plus opposé à ce caractère que l'esprit satyrique. Le père Mabillon se lassa bientôt de cette guerre, et supplia son ordre de chercher à l'abbé de Rancé un autre antagoniste. Il se contenta d'avoir prouvé, dans son livre des études monastiques, publié en 1691, que les moines, non-seulement peuvent, mais doivent étudier; la prière, ni les travaux d'un manœuvre ne sauraient remplir leur temps, et tout homme qui se livre à l'étude, aura presque toujours de bonnes mœurs. Alors on abandonna cette querelle littéraire au père St.-Marthe et à J. B. de Thiers; et la question resta indécise. Pour moi, lui dit l'abbé Ramond, il me parait qu'elle n'est pas douteuse, et que l'étude doit être la plus douce occupation d'un cénobite. — Je l'ai toujours cru, et aussi je m'y suis constamment livré, dit dom Bourette. Plusieurs de nos religieux emploient leurs connaissances à former la jeunesse. Nous avons à présent des colléges fort nombreux que le gouvernement protége; et depuis la destruction des jésuites, nous sommes devenus un corps enseignant, au grand chagrin de l'université de Paris qui a tenté de nous empêcher d'avoir des professeurs; mais je crois malgré cela que le roi nous soutiendra, parce que nous lui formons des sujets fidèles (1) et que nos écoliers sor-

---

(1) L'université a repris tous ses droits; et les Bénédictins ne sont plus.

tent de nos maisons, avec plus de connaissances et surtout de talens que des colléges de Paris, où ils n'apprennent que le latin. L'abbé savait bien ce qu'il aurait pu répondre au prieur relativement à la force des études; mais il était chez lui. Comme mon oncle était très-communicatif, mon père lui demanda à combien pouvait se monter le revenu de l'abbaye : à 30,000 l. de rente pour dix religieux, ce qui était beaucoup; mais il ajouta qu'ils en donnaient une grande partie aux pauvres et à des maisons de leur ordre moins rentées. L'abbé commandataire en a autant. Je lui demandai d'où venait le nom de commandataire. — Il répondit : commande signifie garde dépôt. Donner un bénéfice en commande, c'est donner en garde à un séculier un bénéfice régulier, lequel ne peut être conféré en titre qu'à un moine. Quelques-uns rapportent l'établissement des commandes à Urbin II, d'autres à Clément V, d'autres encore à Léon IV; mais l'usage en paraît encore plus ancien. En effet, on voit que dès le temps du troisième concile d'Orléans, tenu sous Childebert en 538, les évêques donnaient à des clercs séculiers, les monastères qui étaient dans leurs diocèses en commande, et même des cures. C'est ainsi que le fameux Rablet était curé de Meudon.

Cet usage était encore en vigueur sous Henri IV, il donnait de ces bénéfices même à des protestans. Sully eut cette abbaye, et nous pourions le compter au rang de nos plus illustres commandataires, s'il n'avait été, comme le dit Voltaire, en parlant de Mornai, *soutien trop vertueux des portes de l'erreur.*

Ce droit qu'ont les rois de disposer ainsi de la moitié des revenus monastiques, nous conserve et nous conservera (1) toujours (2). Mon oncle ajouta: les rois se sont donc arrogés le droit de nommer aux abbayes ils s'en servent pour enrichir des cadets de maison dont toute la vocation à l'état ecclésiastique est la certitude d'avoir un bénéfice plus ou moins considérable. On offrit au cardinal de Retz, sept abbayes, s'il voulait remettre

---

(1) Le bon prieur s'est bien trompé en ceci, mais heureusement pour lui il mourut sans être désabusé.

(2) Le pauvre prieur n'était pas bon prophète.

l'archevêché de Paris. Cependant les canons s'opposent à cette réunion de bénéfices, et on ne doit en posséder qu'un ; mais celui qui n'a qu'un prieuré simple, c'est-à-dire, sans charge d'âmes, du revenu de 1500 francs, ne doit-il pas trouver cette loi plus sévère que l'abbé de l'abbaye St.-Germain-des-Prés, qui vaut 150,000 livres de rente. En général, il faut en convenir, l'emploi des biens de l'église est peu conforme à l'esprit des fondateurs. Ces menses, c'est ainsi qu'on appelle le revenu de l'abbé, sont une portion des donations faites aux religieux pour des prières et autres bonnes œuvres ; et à quoi sont-elles employées par les abbés commandataires ? à avoir à Paris ou dans une grande ville de province, un beau logement somptueusement meublé, des gens de livrée, une voiture, des chevaux, une bonne table, dont une sœur, une nièce et même une cousine, font les honneurs. Si la maison abbatiale est bien bâtie, M. l'abbé vient, avec sa société, y passer quelques mois, alors il chasse, tient table; et, vous en conviendrez, il n'y a pas le moindre rapport entre sa manière de vivre et celle des Sts.-Benoist, des Sts.-Bernard, des bienheureux d'Arbrissel, ces saints fondateurs de nos ordres; tandis que nous, il y a fort peu de différence entre notre manière de vivre et celle de nos prédécesseurs; mais ce qui est plus extraordinaire, c'est que ces abbés, pour la plupart si riches, n'en trouvent jamais assez, et sont toujours en procès avec nous,

Au surplus, dans le gouvernement monastique, un abbé est entièrement étranger à l'abbaye : je dis un abbé commandataire; car il y a en France quelques abbés que l'on appelle réguliers, parce qu'ils suivent la règle, ceux-là demeurent avec leurs moines, surtout dans l'ordre des Bernardins. C'est le roi qui nomme à ces bénéfices comme aux autres abbayes. Ils mènent une vie fort aisée, ont une bonne table, une voiture, des chevaux, des valets, chassent, quoique les canons le défendent à tous les prêtres ; non comme un exercice opposé à leur état, mais parce qu'il est à craindre de se blesser les mains avec les armes à feu, ce qui les empêcherait de célébrer les saints mystères. Ils ont aussi des neveux avec qui ils partagent leurs revenus qu'ils augmentent toujours aux dépens de leurs religieux, qui les aiment en général moins que les simples prieurs qu'ils n'aiment guère. Ces abbés, cependant en France, n'ont jamais la prépondérance de ceux des Pays-Bas et de l'Allemagne. Il en est dans ces états qui sont princes; ils ont des ministres et même des ambassadeurs aux cours et à la diète de Ratisbonne et auprès des cercles. Aussi un paysan rencontrant un de ces moines, grands seigneurs, avec des piqueurs, des chevaux de main, une meute nombreuse, se permit de lui dire que tant de fracas ne convenait guère à son état. — Et ne sais-tu pas que je suis prince? — — Et oui, je le sais; mais quand le moine sera à tous les diables, où sera l'altesse?

Ces abbayes sont fort avantageuses aux familles dont l'aîné est riche, tandis que ses cadets meurent de faim (1); si un d'eux n'avait pas de gros bénéfices dont il emploie une grande partie à soutenir ses autres frères ou parens au service, ses sœurs, ses nièces et même les cousines participent aussi à la fortune d'un frère, d'un oncle, ou d'un cousin riche bénéficier dont elles tiennent la maison et contribuent à la rendre agréable.

Il y a aussi de ces riches ecclésiastiques qui rendent de grands services à des familles distinguées, mais mal à l'aise, auxquelles ils prêtent sans intérêt, de l'argent pour sou-

---

(1) Cet abus a été détruit, mais Théodore rapporte ce qui était et non ce qui est.

tenir un procès, acheter une compagnie, armer galère (1) etc., et sans cela, on n'aurait pu se procurer ces sommes sans avoir recours à des *moyens ruineux*, souvent on abusait de la facilité que ces hommes généreux avaient à obliger.

Lors de la révolution il était dû à l'abbé de Narbonne, frère du duc de ce nom, 60000 francs qu'il avait prêtés par vingt-cinq, cinquante et cent louis, aux personnes de sa société qui ne se gênaient guère pour les lui rendre.

Une femme de ses amies vint un jour tout en larmes chez lui, disant qu'elle est au désespoir, que son

___

(1) Il fallait que les chevaliers de Malthe eussent armé une galère à leurs frais pour obtenir une commanderie, et cela coûtait au moins 12,000 francs.

ils a joué sur sa parole 6000 livres qu'il a perdues; qu'elle ne sait où les trouver. L'abbé ouvre son portefeuille, en tire six billets de la caisse d'escompte et les lui donne, en lui recommandant d'y prendre bien garde, car il la connaissait comme étant très-étourdie. Elle l'assura qu'il n'y avait aucune crainte à avoir ; rendue chez elle, elle pose les billets sur une petite table auprès de sa cheminée et se met à écrire à son fils en les lui envoyant. Quelqu'un entre; elle veut ranger la table : les billets tombent au milieu du feu et sont la proie des flammes avant qu'on ait pu les en tirer. On juge du désespoir de cette malheureuse mère. A qui s'adresser? Qui aurait pitié d'elle? A qui? A l'abbé de Narbonne. Elle fait remettre les chevaux, et revient chez l'abbé;

qui, la voyant, lui dit : je gage que vous avez perdu les billets, — Non, mais brûlés.—Je vous l'avais bien dit; heureusement que j'en ai encore à votre service; mais comme il pourrait bien vous en arriver autant, vous me permettrez de les remettre moi-même au créancier de votre fils, ce qu'elle accepta volontiers.

Ce même abbé faisait de grands biens dans ses abbayes, entre autres dans celle de St.-Cernin de Toulouse. Il y fonda un mont de piété de grains. Il avait fait acheter pour 12 à 15000 francs de blé. Il consacra de grands bâtimens qui dépendaient de son abbaye pour le serrer, et une famille indigente, mais probe, fut chargée de le soigner et de le distribuer aux indigens qui venaient en emprunter. On leur prêtait le nombre de boisseaux dont ils avaient besoin dans le cours de l'année. Ils n'étaient tenus à le rendre qu'après la récolte, avec une petite mesure en sus, qui servait à réparer le déchet que le blé éprouve toujours dans le grenier.

Il était aussi titulaire d'un fort joli prieuré près de Chantilly où il avait des ouvriers, plus pour leur avantage, que pour son utilité. Un jour il s'en trouva douze qui faisaient fort peu de chose, il donna ordre à son majordome d'en diminuer le nombre, et le lendemain il y en avait le double. — Eh! bien, est-ce ainsi que vous remplissez mes intentions? — Eh! mon Dieu, monsieur l'abbé, comment voulez-vous que je fasse? ils disent qu'ils n'ont point de pain. — Ah! c'est différent, il faut les garder : et les vingt-quatre ouvriers restèrent.

L'abbé de St.-Aulaire, moins riche en bénéfices que l'abbé de Narbonne, et ayant des parens pauvres, se laissait manquer de tout pour soutenir ses neveux et ses nièces. Il était habituellement mis comme un vicaire de campagne, quoiqu'il fût attaché à une auguste princesse. Il n'avait point d'équipage, un seul valet formait son domestique, et comme celui-ci était vieux et infirme, l'abbé frottait son appartement lui-même, pour lui en éviter la peine. M. de St.-Aulaire est mort d'une fluxion de poitrine qu'il avait gagnée en courant à pied, afin d'obtenir une place pour un de ses neveux, ne voulant pas se permettre de prendre même de voitures de place qui auraient diminué le fonds destiné à ses aumônes et à ses bienfaits en vers ses parens. Il avait beaucoup d'esprit, une haute piété, et des mœurs irréprochables. Je cite ces deux abbés commandataires, parce que je les ai connus particulièrement et suis persuadé qu'il y en avait un grand nombre dont on pourrait faire le même éloge.

Nous fûmes près d'un mois chez notre bon oncle, vivant aux dépens des moines : mais ils n'y prenaient pas garde. Comme ils aimaient leur prieur, ses parens ne pouvaient pas leur déplaire. D'ailleurs ils savaient que mon père était riche, et avait une excellente maison, et ils pensaient que lorsqu'ils iraient à Paris, ils y seraient bien reçus. Je ne sais si mon oncle leur dit, quand nous fûmes partis, qu'il n'allait jamais chez mon père, étant mal avec sa femme; mais ce qu'il y a de certain, c'est qu'il n'en vint point que je sache. Je vous ai peut-être paru diffus en vous parlant de ces bons religieux. Comme le temps que j'ai passé chez eux est un de ceux qui m'a paru le plus calme de ma vie : vous excuserez si je me suis étendu un peu longuement sur leurs mœurs que l'on calomnie, faute de les connaître; mais ces honnêtes gens soupaient fort bien : allons en faire autant et boire à leur souvenir, ce que nous fîmes fort gaiement.

CHAPITRE XX.

De retour à Paris, les choses reprirent leur train accoutumé. Ma mère parut fort aise de me voir. Le temps que j'avais passé à Coulomb m'avait fait beaucoup de bien, j'étais grandi, fortifié et commençais à cesser d'être enfant. Mon premier soin fut d'aller au parloir pour voir ma jolie cousine qui me reçut toujours avec la même amitié. Peut-être la mienne devenait-elle plus vive. Madame St.-Aubin s'en aperçut, et selon toute apparence elle le dit à

Madame de Marsac qui pria son frère de trouver un prétexte pour éloigner mes visites à sa fille qu'il savait bien ne pouvoir pas épouser son fils. — Je n'en vois pas la raison, reprit mon père; car j'entendais, sans vouloir écouter, cette conversation, parce qu'elle avait lieu dans la chambre de mon père; et que j'étais dans un cabinet qui donnait dans cette pièce où il était avec sa sœur. M. de** demanda donc à la Marquise pourquoi son fils, ayant l'assurance de plus de 40,000 livres de rente et la possibilité d'entrer au service, ne pourrait pas épouser sa cousine. — Mais, mon cher frère, comment ne sentez-vous pas l'énorme distance qui est entre vous et M. de Marsac, ayant rang de colonel dans un corps qui est des premiers de l'armée au moment d'être brigadier des armées du roi, cordon rouge, dont la femme est une de celles qui a le plus de considération. — En vérité, ma sœur, quant à vous, je ne vois pas la différence qui se trouve entre un frère et une sœur. — Dès que nous sommes mariés, nous n'appartenons plus à notre famille, nous sommes de celle de nos époux. — Eh! comment se fait-il, qu'excepté vous et M. de Boissy, ma femme ne veut voir aucun de mes parens ? j'allais dire les nôtres. — Parce que votre femme est une bégueule; car enfin elle n'est plus mademoiselle de ***, fille d'un assez bon gentilhomme, mais madame de ***, femme d'un fermier général à qui vous êtes quelquefois bien forcée, ma chère sœur, d'avoir recours quand vous avez perdu, au salon de Marly, 12 à 15000 livres que vous ne pouvez payer; vous venez me les demander (1), — cela est dans l'ordre, il est juste que vous payez l'honneur d'avoir pour sœur madame la Marquise de Marsac. — Je m'en passerais bien: enfin que voulez-vous que je fasse, si ces enfans s'aiment. — Dieu merci, mademoiselle de Marsac n'aime point votre fils, et n'aimera que celui à qui son père et moi la marierons; mais c'est pour *Théodore* dont la tête est vive. Trouvez donc un moyen pour l'empêcher de venir aussi souvent à l'abbaye de Panthemont. — J'en

---

(1) Marly était une maison de plaisance de nos rois, près de Versailles; on y passait un mois. Le roi y invitait les hommes et les femmes de sa cour les plus en faveur auprès de lui. On y jouait un jeu d'enfer.

parlerai à l'abbé. — Je vous le répète, mon frère, c'est pour l'intérêt de votre fils. Elle se leva, et mon père lui donna la main pour descendre et gagner la voiture, non comme à sa sœur, mais comme à une femme attachée à une princesse de la famille royale.

J'avais entendu, comme je vous l'ai dit, cette belle conversation; elle m'indigna contre la Marquise; mais en même temps elle me fit croire que j'étais parvenu à l'âge de plaire, puisque l'on me redoutait: car je ne croyais nullement que la femme de M. de Marsac se fut déplacée pour venir voir son frère chez qui elle ne venait pas quatre fois l'an, excepté aux grands soupers de ma mère, pour mes seuls intérêts. Je pensai donc que mademoiselle de Marsac me trouvait à son goût, et je me mis dans la tête de l'obtenir. Jugez la belle idée. Je venais d'avoir treize ans et elle en avait quatorze, en conséquence je voulus dès le lendemain retourner à la grille ; mais l'abbé de Ramond à qui mon père avait fait part des inquiétudes de sa sœur, et qui les partageait, me dit que cela n'était pas possible. — Et pourquoi? je vous prie : faisant semblant d'ignorer que c'était d'après la visite de ma tante que l'on m'interdisait le parloir, —parce que votre cousine se dispose à faire sa première communion, et que mademoiselle de St.-Aubin m'a écrit qu'elle entrait en retraite pour six mois, et qu'ainsi elle me priait de ne pas vous amener. —Cela n'est pas vrai, repris-je, avec l'impétuosité de mon caractère. —

Cela, monsieur, si vous n'étiez pas un enfant, et que je ne fusse pas engagé dans les ordres ecclésiastiques, ne se passerait pas ainsi ; mais comme je ne puis me battre avec vous, je veux bien descendre à la justification : lisez cette lettre. Il jeta sur ma table une lettre ouverte de la gouvernante de mademoiselle de Marsac qui réellement donnait ce prétexte à l'abbé pour que je ne vinsse pas de six mois à l'abbaye. Cette lettre me causa le double chagrin de renverser mes folles espérances, ou au moins d'en suspendre l'execution, et en outre, elle me faisait voir tout le tort que j'avais eu avec mon digne instituteur. Je l'avais offensé, je ne pouvais lui offrir de satisfaction. Je n'avais donc aucun autre moyen de réparer ma faute que d'en convenir, et lui en demander pardon : mon amour-propre en était singulièrement froissé ; mais j'aimais sincèrement l'abbé Ramond, et l'idée que je perdrais son amitié, surmonta mon orgueil, j'allai le trouver dans la chambre où nous couchions, et où il s'était enfermé pour attendre l'effet que la lettre de madame St.-Aubin ferait sur moi. Je frappai doucement à la porte, il demanda qui était là, moi, lui dis-je : il vint ouvrir ; mais il avait l'air si sombre et si froid que je me sentis glacé à sa vue, et presque sans pouvoir m'expliquer. Cependant je m'approchai, et lui pressant la main qu'il ne retirait pas, je la serrai affectueusement dans les miennes : mon ami, mon précieux ami, lui dis-je : j'ai eu bien tort, pardonnez-le moi, et je vous assure que ce sera le dernier de ma vie, et une larme s'échappa de ma paupière; il me prit dans ses bras. — L'aveu que l'on fait d'une faute avec une si noble franchise, équivaut à une bonne action. Embrasse-moi, mon cher Théodore, et n'en parlons plus, et sans me laisser entrer dans d'autres détails, sans affaiblir par aucune réflexion surabondante, l'effet qu'avait produit la lettre de madame St.-Aubin, il repassa avec moi dans le cabinet d'étude, me donna mon thême, et se mit à revoir ma version.

Il fallut bien me passer de voir ma cousine pendant tout le temps que l'on avait voulu nous séparer, et quand il fut expiré, M. et madame de Marsac, partirent pour leur terre, où ils marièrent leur fille avec

M. le duc de ***, ayant pris le parti de contracter cette alliance loin de la capitale, pour n'avoir personne de notre famille aux noces de leur fille, triste effet des mésalliances. Je ne revis que plusieurs mois après la jeune duchesse qui, avant de paraître à la cour, passa ce temps dans les terres du duc.

Cependant ma mère jouissait d'avance en pensant qu'elle aurait, l'hiver d'ensuite, l'extrême satisfaction de la posséder à ses grands soupers, et de pouvoir dire ma nièce la duchesse de ***, pour moi, bien revenu de mes chimères, je continuais à apprendre, soit avec mon père, soit avec ma mère, les usages de mon siècle, et à en imiter les mœurs. Je ne pensais pas qu'elles me seraient aussi étrangères. La santé de ma mère était assez mauvaise, et les médecins ne trouvèrent de moyen de réparer le tort que les veilles occasionnent, et la fatigue que font éprouver les devoirs de la société, quand elle renferme un cercle immense, que le lait, et le repos de la campagne, et il fut décidé que nous partirions à la fin d'avril, ma mère, l'abbé Ramond et moi, pour la terre d'Hervilly qu'habitait la sœur de ma mère dont je vous ai parlé. Depuis longtemps madame d'Hervilly l'engageait à venir partager son bonheur; mais la crainte de l'ennui empêchait ma mère de se rendre à ses instances, et à celles de M. d'Hervilly. Lorsqu'enfin, les médecins ayant déclaré qu'ils ne répondaient pas de sa vie, si elle ne passait pas tout l'été et l'automne loin de tout plaisir bruyant, et de toute contrainte, qu'elle se décida enfin à partir. Mon père pensait aussi que cette année-là, passée sous les yeux de M. d'Hervilly, me serait fort utile, ayant le projet de me faire entrer dans l'artillerie ; ainsi il consentit avec plaisir à cet arrangement

Le peu de rapport qui existait entre ses goûts et ceux de ma mère, ne rendait pas leur société fort intime, ainsi il ne pouvait qu'y gagner, espérant que le tableau d'un bon ménage, et dont tous les plaisirs consistaient dans l'accomplissement de leurs devoirs, ramènerait peut-être madame de *** à des manières plus affectueuses avec lui, et c'est ce que nous verrons par la suite.

M. et madame d'Hervilly vinrent trois lieues au devant de nous, et nous firent les plus sincères amitiés. Arrivés à d'Hervilly, on fit coucher ma mère qui était très-fatiguée du voyage. Nous soupâmes près de son lit, et dès le soir je me trouvai porté d'affection pour ses parens que je ne connaissais pas, et voici ce que je recueillis de mes observations; car il est certain que j'ai observé très-jeune.

Je n'avais nulle idée du genre de vie de M. et de madame d'Hervilly. Tout ce que j'avais vu à Paris n'avait aucun rapport avec ce qu'on appelle la vie de château : celle-là ne ressemble à aucune autre; car cette vie se compose de plaisirs purs sans contrainte ni repentir. Ma tante, en sortant du couvent épousa M. d'Hervilly colonel d'artillerie retiré du service : on la conduisit dans la belle habitation d'Hervilly, où tout était commode et annonçait l'abondance et le repos. Son mari l'aimait, il en était aimé; qu'elle était heureuse! Mille plaisirs se succédaient, une société nombreuse et choisie, dans laquelle se trouvaient toujours quelques gens de lettres ou des artistes célèbres. La musique, la danse, la comédie que l'on jouait bien ou mal, la chasse, la pêche, de longues promenades dans des bois, des prés, des vergers qui joignaient à la beauté du site, l'intérêt de la propriété. A ces plaisirs, ma tante ajoutait comme toutes les dames châtelaines, ceux qu'elle trouvait à inspecter sa basse-cour, où elle réunissait les plus beaux animaux : son jardin fleuriste lui prenait aussi quelques momens; mais ceux qui lui étaient les plus précieux, étaient consacrés à la bienfaisance.

La femme prête d'accoucher, les malades, les vieillards, les enfans orphelins trouvaient toujours au château des secours qu'ils venaient y solliciter, ou bien que le curé demandait pour eux. Ma tante, ainsi que beaucoup de dames, avait des spécifiques pour les maux auxquels les habitans de la campagne sont sujets. Depuis quelques années on distribuait des boîtes contenant les médicamens les plus utiles. On donnait ces petites pharmacies aux curés et aux seigneurs de paroisses, et le paysan qui veut bien être guéri, pourvu qu'il ne lui en coûte rien, venait chercher ses secours, soit pour lui, soit pour sa femme ou pour ses enfans. On pense bien que l'on ne donnait pas la potion ou le paquet de sel sans y ajouter de quoi mettre un petit pot-au-feu, un peu de pain blanc et du vin vieux. On se faisait un plaisir de donner, et souvent de faire au château des habillemens pour les enfans. On envoyait le chirurgien les visiter dans leurs maladies. On donnait de l'ouvrage à ceux qui étaient forts et dispos; ce qui toutefois n'empêchait pas toujours la mendicité, qui, dans les habitans des campagnes, est une manie, plutôt qu'un besoin. Il y avait dans un village qui dépendait d'Hervilly, un petit bossu, jeune encore, qui s'était marié malgré sa difformité. Il avait plusieurs enfans qu'il menait mendier avec lui. Mon oncle lui offrit de travailler à la journée, et quoiqu'il ne pût faire autant d'ouvrage qu'un autre ; il l'assura qu'on le paierait de même. Il vint une seule journée, ne fit pas le quart de besogne de ses compagnons qui n'en faisaient guère, et ne revint pas. Le surlendemain mon père le rencontra et lui demanda ce qui l'avait empêché de venir : dame, monsieur, lui dit-il, c'est que je gagne plus *à vaguer* qu'à la journée, terme qui, dans cette province, répond à celui de mendier.

Les dimanches, dans presque tous les châteaux, on dansait avec les paysans ; l'égalité régnait dans ces bals champêtres. J'aimais à voir un vieux soldat à cheveux blancs, qui ôtait son chapeau de côté et mettant un gant de coton blanc, venir offrir la main à la plus jolie demoiselle de la société de son seigneur, la priant de lui faire l'honneur de danser un menuet avec lui. Un jour un invalide qui demeurait dans le village avait engagé une proche parente de M. d'Hervilly, très-jolie personne à qui sa mère fit signe d'accepter. Elle se lève et déploye les grâces nobles et modestes dont cette danse est si susceptible, et qui contrastaient avec la tournure un peu grivoise du vieux soldat : il suivait des yeux, avec ravissement, sa jolie danseuse qu'il ramena auprès de sa mère, et se retira fort glorieux d'avoir figuré avec une aussi belle personne. Mais un jour je fus témoin d'une scène charmante; je m'étais assis sur un banc placé à l'ombre de grands arbres qui formaient la salle de danse. Près de moi était un jeune couple qui se disait tout bas, mais pas assez pour que je ne pusse l'entendre : si j'avions seulement cent écus, nous serions mariés avant les vendanges : je les entends ; j'en parle à ma mère, la dot est comptée, et nos amans sont époux. Leurs noces furent encore une fête pour le château. C'est ainsi que s'écoulaient les jours des heureux propriétaires de fief, qui n'avaient presque conservé de leurs anciennes prérogatives que celle de faire des heureux.

Il ne faut pas cependant imaginer que tous les possesseurs de terre fussent aussi aimables que M. et madame d'Hervilly et leurs jolis enfans ; car j'ai oublié de dire que ma tante avait deux fils qui étaient charmans, et élevés par leurs parens qu'ils n'avaient jamais quittés : il était à présumer qu'ils héritaient de leurs vertus comme de leurs possessions. Ils étaient âgés de huit à neuf ans, de sorte que je me trouvais sur eux la supériorité de l'âge. Mon oncle profita du séjour de l'abbé pour leur faire commencer le latin, et comme j'avais seize ans quand je quittai ce séjour de paix et de bonheur, mon père consentit, pour l'avantage des neveux de sa femme, et pour celui de l'abbé, qu'il restât à d'Hervilly. Le temps étant venu que je ne pouvais plus aller dans le monde avec mon précepteur. Ainsi il cumula les appointemens que M. d'Hervilly lui donnait avec la pension que mon père lui avait promise quand mon éducation serait finie, ce qui lui fut très-avantageux ; mais fort nuisible pour moi, qui aurais eu tant de besoin d'avoir encore quelque temps mon respectable guide, mais l'usage s'y opposait, et rien n'était aussi esclave de l'usage que ma mère, et elle n'eut pas dit avec Voltaire :

> l'usage
> Est fait pour le mépris du sage ;
> Je me conforme à ses ordres gênans,
> Dans mes habits, non dans mes sentimens.

Et lorsque ma mère avait décidé une chose, il n'y avait nulle raison qui pût l'empêcher ; ainsi dès le premier moment que nous arrivâmes à d'Hervilly, madame de *** écrivit à son mari cet arrangement auquel mon père souscrivit sans réflexion ; mais revenons aux voisins de d'Hervilly dont je voulais vous parler.

Il y avait à une lieue de la terre de mon oncle deux habitations seigneuriales très-belles et où séjournaient toute l'année leurs propriétaires : nous allâmes dans l'une et l'autre, quelquefois durant l'été. Les manières des maîtres de ces châteaux ne pouvaient s'accorder avec la simplicité de M. et madame d'Hervilly. La Marquise de Villefol, lorsqu'elle venait dîner chez le comte d'Erem, était toujours en berline à six chevaux, avec un garçon d'attelage. Les gens en grande livrée et le comte lui rendaient sa visite, deux jours après avec la même étiquette. Ils auraient cru l'un et l'autre manquer à l'ordre de la noblesse, s'ils eussent été à quatre ou à deux chevaux. Je vois encore la Marquise et ses trois grandes filles mises comme pour aller souper chez une princesse du sang. La mère avait du rouge et des diamans, ce qui n'était plus d'usage à la campagne. Les filles frisées, poudrées à blanc, serrées dans des corsets qui leur laissaient à peine la faculté d'agir. Je les vois arriver chez le comte qui les recevait au péron : quelques complimens remplissaient l'espace jusqu'au dîner, pendant lequel les filles ne disaient pas un mot, et la mère, en parlant, n'en disait guère plus. En sortant de table, on remontait en voiture et cela s'appelait une charmante partie de campagne.

Il y aurait une prévention bien ridicule, si on imaginait que tout l'ordre de la noblesse, avant la révolution, fût brillant, plein de grâces, et environné de ce luxe dont nous avons parlé jusqu'ici. Hélas! il y avait parmi cet ordre, des individus très-pauvres, d'autres qui n'avaient que le stricte nécessaire. Cependant ils sont moins sujets, que les autres classes, à ce malheur. Attachés par des alliances aux premières maisons du royaume; on a soin de leur existence. D'ailleurs ils préfèrent presque toujours le célibat au chagrin de donner à leurs enfans, pour les faire vivre, des états où on déroge; de sorte que les filles de qualité, pour la plupart, se font religieuses; les cadets, prêtres ou moines, ou chevaliers de Malte. Cependant il y a quelques pauvres gentilshommes qui se marient, et alors leurs femmes ne diffèrent guère, dans leurs manières, des fermières; tandis que leurs maris sont à l'armée, elles font valoir quelques arpens de terre autour de leurs donjons, et soignent elles-mêmes leurs basses-cours; mais toutes ces occupations ne rabattent en rien de leur orgueil qui croît ordinairement en proportion de leur pauvreté. Elles envoyent leurs filles à St.-Cyr, leurs garçons aux écoles militaires. Souvent ces anciennes maisons nobles s'éteignent, font place aux ennoblis: ceux-ci recrutent cet ordre, qui, sans eux, eût été anéanti.

Je me souviens toujours d'avoir été chez un de ces pauvres gentilshommes dont le château était à vendre. Mon oncle eut envie de l'acheter, parce qu'il avait droit de chasse sur deux mille arpens de bois. Il me proposa d'y venir avec lui, ce que j'acceptai avec grand plaisir : en arrivant, je cherchais partout ce prétendu château dont les petites affiches avaient fait une description mensongère : quelques bâtimens qui menaçaient ruine, environnaient une cour ;

Celle-ci n'était ni pavée ni sablée; mais une véritable cour de ferme où se trouvaient pêle-mêle tous les animaux qui en font l'avantage; une espèce de canal à moitié comblé, couvert de roseaux et de plantes aquatiques, séparait le verger de la cour; dans ses eaux fangeuses se jouaient tous les oiseaux nageurs; un mauvais pont de bois conduisait au verger dont j'ai parlé; un ruisseau y serpentait : si on eût entretenu ce lieu champêtre, c'eût été un véritable Eden; mais on n'avait eu aucun soin de conduire les eaux, et d'empêcher qu'elles ne se répandissent dans le pré, qu'elles changeaient en un marais. Toute la propriété était aussi peu soignée, et l'intérieur de la maison y répondait.

M. de *** reçut mon oncle avec beaucoup d'égards, et le pria d'excuser si sa femme et ses filles ne pouvaient pas encore avoir l'honneur de le recevoir, étant occupées par des détails de *ménage* : ce mot me choqua, il me paraissait ignoble (1).

―――――――

(1) A cette époque, ceux qui, par leur rang ou leur fortune partageaient leur temps entre la cour, leurs terres et la capitale, n'avaient pas l'idée que des femmes qu'on appelait bien nées, pussent se livrer à de semblables occupations que l'on ne croyait appartenir qu'à celles du peuple. Cependant dans toutes les provinces éloignées, les femmes nobles, mais pauvres, remplissaient ces devoirs d'une manière très-estimable, et soutenaient ainsi leurs maris et leurs frères au service.

On nous donna un dîner abondant, dont la chasse de M. de ✳✳✳ faisait la plus grande partie des frais; sa femme et ses filles ne vinrent prendre place à table qu'à plus de moitié du repas qu'elles avaient préparé. Ce que j'admirai, c'est qu'elles ne parurent que mises de la manière la plus décente, et que rien n'annonçait que ce fussent elles qui avaient fait la cuisine.

Les vacances du parlement ramenant à d'Hervilly les trois sœurs, il était difficile de les croire aussi étroitement unies par la nature, tant leurs manières, leur ton, leurs habitudes étaient différentes; on peut en juger par ce que j'en ai dit.

M. et madame Legéville avaient amené leurs enfans : un fils de dix-neuf ans, et une fille de dix-sept.

Ferdinand, c'était le nom de mon cher cousin, sortait du collége de Juilly; il avait toute la gaucherie des écoliers, quand ils paraissent pour la première fois dans le monde; il était grand, maigre et pâle, parce qu'il avait extrêmement travaillé pendant les classes où il avait toujours été des premiers. Son père le regardait avec complaisance, pensant qu'il aurait un jour une grande considération dans la magistrature. Il allait commencer son droit, c'était encore trois années à passer sur les bancs, mais il n'en était point contrarié : pénétré de l'importance des devoirs qu'il devait remplir dans quelques années, il n'était occupé que d'acquérir les connaissances qui l'en rendraient capable : c'était enfin, si vous voulez que je vous le dise, le plus estimable jeune homme, et en même temps le plus ennuyeux que j'aie jamais vu, non qu'il manquât d'esprit, mais parce qu'il était tellement encroûté de grec et de latin, qu'il ne pouvait plus parler sa langue maternelle qu'avec une extrême difficulté.

Quant à sa sœur, c'était bien pis : elle était aussi fort grande, sèche comme un morceau de bois, de grands yeux, mais qu'elle tenait toujours baissés, un nez aquilin, la bouche assez jolie, qui ne s'ouvrait jamais que pour dire oui ou non. Elle avait été élevée au couvent de St.-Gervais, institution toute janséniste, et on lui avait inspiré la haine pour les vanités du siècle ; aussi était-elle mise comme une religieuse : un corps de robe grise d'une étoffe de soie et laine, un grand fichu de mousseline double, attaché au col, un tablier de taffetas noir, un bonnet à papillon et à bec; enfin la toilette qui conviendrait à une vieille douairière. Elle ne quittait pas sa mère d'un pas; quoiqu'en vérité la manière sombre et sévère dont cette mère lui parlait, ne m'eût pas donné, en sa place, grande envie d'être auprès d'elle, et elle se trouvait dans la société comme un pilote qui a perdu sa boussole. Les bonnes religieuses lui ont tant dit qu'elle allait se trouver entourée de pièges, qu'elle se croyait perdue dès qu'elle était un moment éloignée de madame de Legéville. Vous voyez, mon cher Raoult, qu'il n'y avait pas grand parti à tirer de ces respectables frères et sœurs, et j'aimais autant rester avec mes oncles, dont la conversation était au moins très-animée et pleine d'esprit et de sagesse. Je n'ai jamais oublié ce que M. de Legéville disait à son beau-frère qui vantait l'utilité d'une armée, même en temps de paix, et se plaisait à rapporter quelques hauts faits des corps où il avait servi. M. de Legéville le laissa dire, puis il reprit : dès que les hommes se multiplièrent, c'est-à-dire, dès l'origine du monde, il s'éleva des différends entre eux ; mais long-temps ils n'employèrent que la force pour faire valoir leurs droits. Caïn fut le premier et le plus terrible exemple de l'abîme où peuvent entraîner les passions. On ne voit alors que Dieu qui prenne la cause de l'innocent. Adam pleure Abel ; mais ne condamne pas son fils. Ainsi la justice, qui poursuit le criminel, ne s'établit parmi les hommes que long-temps après qu'ils eurent commis des forfaits qui restaient impunis. Le peu de traces qui nous reste des temps avant le déluge, ne nous laisse aucune idée de quelle manière les hommes ont été gouvernés pendant plus de vingt siècles. Ce n'est qu'après cette grande époque que l'on voit Nemrod choisi pour roi, par les hommes qu'il avait accoutumés à lui obéir, dans les grandes chasses qu'il faisait aux animaux féroces, d'autant plus nombreux que les hommes l'étaient moins. Ce roi, reprit Legéville, n'était que le chef de leurs armées, et il n'était point encore question de tribunaux pour rendre la justice. Ce n'est que parmi les Egyptiens que l'on trouve des lois répressives et des punitions proportionnées aux délits. Ce fut là que les Grecs puisèrent leurs institutions que les Romains adoptèrent en partie. Carthage porta les siennes en Espagne; et les Gaules, placées entre les deux péninsules, reçurent de l'une et de l'autre ces lois qui furent tempérées par le caractère, les mœurs de ses habitans; mais il n'en est pas moins vrai, reprit M. de Legéville, qu'il a fallu près de trois mille ans pour que l'Europe eût quelque idée de législation, tandis que l'art de la guerre était déjà porté à un si haut point, que nos plus habiles généraux trouvent encore des leçons dans ce que les historiens nous ont conservé de la tactique de ces peuples guerriers. Cependant quelle différence entre les services rendus à l'humanité par un juge intègre, ou cette ombre sanglante de gloire qui ne subsiste que par la destruction, le ravage et la mort. Les fonctions de la justice sont tellement inhérentes à la nature humaine, qu'on voit, parmi les animaux, des combats, des vainqueurs, des vaincus; on n'y voit point de tribunaux, — par conséquent point de procès; je ne sais pas s'ils en sont moins heureux.—Les procès sont un mal, j'en conviens; mais ils n'appartiennent pas tellement à la justice, qu'elle n'en fût pas moins dans toute sa force, quand les hommes ne viendraient pas dans son enceinte défendre leurs droits civils. Sa plus importante attribution est la punition des coupables. Cette fonction si importante et si redoutable, fut long-temps en France confiée aux seuls gentilshommes dont l'unique profession était les armes. La plupart ne savaient pas lire, ils n'en avaient pas besoin, tant que les lois n'étaient pas écrites; la coutume seule décidait du sort du coupable : on entendait les témoins et on appliquait la peine qui était toujours proportionnée, non au délit, mais à la qualité du coupable : s'il n'y avait point de témoins on décidait par les armes ou par les épreuves du feu ou par celles de l'eau; rien certainement n'était si éloigné de la justice, que cette manière de punir ou d'absoudre.

St.-Louis fut le premier de nos rois qui introduisit le droit romain en France. Alors il fallut bien que l'on sût lire pour appliquer les lois aux différens délits, et ce fut à cet instant que l'on admit dans le parlement des conseillers pour la plupart clercs; car il n'y avait presque, à cette époque, que les ecclésiastiques qui sussent lire et écrire. Ils faisaient le rapport aux chevaliers, et c'était presque toujours eux qui déterminaient le jugement. Peu à peu les gens de guerre dédaignèrent les fonctions de juges et les abandonnèrent entièrement aux conseillers, ne se réservant que le droit de siéger au parlement, toutes les fois qu'une affaire importante demanderait leur présence, ou pour juger l'un d'eux, c'est ce qui s'appelait la chambre des Pairs. Jusqu'en 1304, les parlemens suivaient le roi, ou les seigneurs suzerins, ce qui rendait très-pénible et très-dispendieux le recours aux lois. Philippe-le-Bel fixa son parlement à Paris, et c'est à cette époque

que remonte ce parlement où siégeaient des hommes investis de la confiance du peuple, et de l'estime des grands.

Les parlemens (1) ont une haute réputation de sagesse ou d'instruction. C'est de leur sein que les rois tirent les maîtres de requêtes, les

---

(1) Ils étaient au nombre de treize. *Paris* fut rendu sédentaire en 1303, par Philippe le Bel. *Toulouse*, en 1443, par Charles VII. *Rouen*, par Louis XII, en 1499. *Besançon*, par Louis XIV, en 1674. *Grenoble*, par Charles VII, en 1453. *Bordeaux*, par Louis XI, en 1462. *Dijon*, aussi par Louis XI, en 1477. Celui d'*Aix*, par Louis XII, en 1501. Celui de *Rennes*, ou de Bretagne, par Henri II, en 1563. Celui de *Pau*, ou de Béarn, en 1602, par Louis XIII. Celui de Metz, aussi par Louis XIII, en 1633. Celui de *Douai*, par Louis XV, en 1724. Et celui de *Nanci*, par Louis XVI, en 1775.

intendans, les ministres. Nous sommes presque tous riches de mœurs sévères; la modestie se joint à une dignité qui inspire le respect : nos femmes, nos enfans, nos domestiques ont quelque chose de grave que l'on ne voit point dans d'autres maisons, et jusqu'à l'allure de nos chevaux n'est point celle des coursiers d'un colonel ou d'un fermier général; tout cela semble minutieux, et c'est cependant de toutes ces circonstances que se forme cette grande considération que cinq cents ans ont toujours accrue, et qui réjaillit sur tout ce qui tient à ce grand corps. Notre barreau est fort recommandable par son éloquence et son intégrité. Je conviens, monsieur, reprit M. d'Hervilly, de tout ce que vous me dites ; mais il me restera toujours à vous faire une observation à laquelle je crois qu'il vous sera difficile de répondre : c'est l'extrême différence de vos subalternes aux nôtres.

Dans l'état militaire, il y a un même esprit, un même mobile ; l'honneur ; un soldat y tient autant qu'un maréchal de France, et il ne pourrait y manquer, sans être chassé ignominieusement : et vous, quelle foule de gens parmi vos suppôts, qui n'ont d'autre Dieu que l'argent, qui en gagnent et en veulent gagner aux dépends de tout. Comment le temple de la justice renferme-t-il, dans son enceinte, cette foule d'hommes qui se font un jeu de la ruine de leurs concitoyens ? qui appartiennent au plus offrant ? Comment souffrez-vous de tels abus ? le moindre goujat de l'armée est mille fois plus estimable que vos sangsues du palais. M. de Legéville ne savait trop que répondre, et ne fut pas fâché que ces dames l'appelassent, ainsi que mon père et moi pour faire une grande promenade. Théodore, après avoir fait ainsi passer sous les yeux de Raoult les raisons qui doivent rendre la magistrature respectable, celle qui fait gémir sur les abus de la chicane, ce jour là, n'en dit pas davantage.

CHAPITRE XXI.

Raoult était rentré le matin assez fatigué, ayant couru depuis le lever du soleil après un chevreuil, Théodore lui proposa de passer la soirée dans la bibliothéque, et reprit de cette sorte :

La santé de ma mère s'était entièrement rétablie, elle était très-reconnaissante des soins de sa sœur; elle lui promit de ne point passer d'années sans la venir voir, et ce fut cette promesse qu'elle tint religieusement, qui eut tant d'influence sur le reste de ma vie ; mais il n'est pas encore temps de vous en faire connaître la cause. L'abbé Ramond, comme je l'ai dit, restait attaché en qualité de précepteur à la famille d'Hervilly ; je ne m'en séparai qu'avec une extrême sensibilité. Je l'aimais sincèrement; il avait rempli les fonctions d'instituteur avec un zèle, une douceur sans faiblesse, qui étaient au-dessus de tout éloge : mes pleurs, en me séparant de lui, étaient ce qui pouvait le plus flatter son cœur, il me regretta aussi; et l'espérance que j'accompagnerais ma mère dans tous ses voyages, était seule capable d'adoucir cette pénible séparation. Mon père et ma mère lui marquèrent leur sincère reconnaissance. Madame de *** lui donna mon portrait dans une bague entourée de gros brillans, et son mari les premiers six mois de sa pension. J'embrassai tendrement ma tante qui était encore fort agréable, ses bons enfans à qui je recommandai de ne pas faire enrager le cher abbé ; ils me le promirent, et tinrent parole : ce sont d'excellens sujets. J'assurai M. d'Hervilly que j'allais m'occuper sérieusement des mathématiques pour servir dans le corps où il avait laissé des souvenirs honorables.

Quant à la grave famille Legéville, je n'étais pas très-affligé de ne plus habiter la même maison qu'elle. Je n'aurais pas voulu de la triste cousine, eut-elle eu un million en mariage. Ainsi je revins à Paris sans avoir vu accroître mes facultés aimantes; mais n'en désirant pas moins rencontrer l'objet, qui selon moi devait fixer mes destinées.

À peine arrivé à Paris, ma mère dit qu'il fallait que je fisse mon académie (1); n'ayant plus l'abbé, il fût convenu que ma mère attacherait à mon service son premier laquais, fort honnête homme, et d'un âge mûr; il devait m'accompagner par tout. Mon père me donna un cheval, un cabriolet, et deux mille écus par an pour mes menus plaisirs. Il est difficile à seize ans d'avoir une existence plus agréable. Ayant été élevé dans la maison paternelle, je n'avais pas joui du plaisir d'avoir des camarades; j'en trouvai au manège qui me firent beaucoup d'accueil. On savait que j'étais riche, tout annonçait mon inexpérience, et ma

---

(1) C'était ainsi que l'on appelait les leçons d'équitation, d'armes et de danse.

générosité. Que de moyens de plaire à ces mauvais sujets qui, sous les dehors de l'urbanité, n'en cachent pas moin des vices bien dangereux : mais ma première inclination me garantit de leurs pièges.

On sait que mon père me menait en secret chez ses parens, entre autres chez M. Tassin, notaire, qui avait une fille charmante ; elle venait d'avoir dix-huit ans : c'était la plus jolie blonde que l'on pût voir. Elle m'avait toujours fait beaucoup d'amitiés, quand je n'étais qu'un petit garçon : dans ce moment, elle me traitait encore avec une douce familiarité; je la trouvais très-aimable, et je ne concevais pas pourquoi ma mère ne voulait pas voir la sienne, que je trouvais aussi fort intéressante. Cependant j'avais fait une observation, c'est que dans toutes les sociétés pareilles à celles de ma mère, je n'y avais point vu de femmes, de ce qu'on appelle la bourgeoisie ; c'est surtout pour les femmes, la différence de la toilette qui fait la ligne de démarcation (1). Les femmes de la bonne bourgeoisie sont modestes dans leur parure et dans leur domestique. Une ou deux femmes, l'une attachée à la chambre, l'autre à la cuisine, et un laquais, vêtu de gris ou de brun composent toute la maison du plus riche notaire, avocat ou médecin. eux-mêmes n'ont aucun luxe dans leur toilette. Un habit de drap noir, la perruque à nœuds, les manchettes brodées étaient leurs habits de cérémonies, et pour aller à la campagne, l'habit de drap gris et

---

(1) C'est ce qui n'existe plus.

la veste écarlate galonnée d'or; cell
de leurs femmes est plus riche, mai
composée de choses solides qui peu,
vent passer à plusieurs générations.
Toutes, comme le disait madame
St.-Aubin, ont des diamans, des
dentelles de prix, des bijoux d'or;
mais peu dans la forme nouvelle.
Le plus beau linge, et en grande
quantité; le trousseau de leurs filles
est fait d'avance, et leur dot comptée
dans le coffre de leur père. Ce qui
me frappa le plus, c'est leur dévotion, elle est héréditaire, et les
hommes même ne se permettent
pas d'afficher l'athéisme. Ils sont per-
suadés que c'est un moyen de perdre
tout crédit; car on croit, parmi ces
hommes estimables, que celui qui
peut commettre des crimes hors de
l'atteinte des lois humaines sans

craindre les lois divines, cesserait d'être honnête, dès que son intérêt l'y engagerait. Ces observations ne me rendirent que plus estimable cette société dans laquelle se mêlaient souvent les femmes de conseillers au châtelet, de la cour des monnaies, et celles des agens de change ; elles avaient un très-bon ton, beaucoup de dignité, sans orgueil. On ne s'embarrassait guère des grands salons du faubourg St.-Germain, ni de ceux plus brillans encore de la place Vendôme. Cette bourgeoisie, que nous tournons en ridicule, avait parmi elle des femmes charmantes, ayant des talens, et elles étaient généralement vertueuses ; heureuses quand la vanité d'un titre ne les engageait point à épouser des nobles, qui rarement faisaient leur félicité, et qu'au contraire elles choisissaient dans leur caste un jeune homme aimable et probe, dont elles devenaient les compagnes et les amies, partageant avec lui les soins de leurs enfans qui y répondaient presque toujours.

Parmi toutes les jeunes personnes qui venaient chez madame Tassin, aucune ne me charmait comme sa fille, et je me disais : pour celle-là, je suis bien sûr qu'on ne me la refusera pas, et sa mère n'a point de raisons pour être aussi orgueilleuse que madame de Marsac; je ne pensais seulement pas que ma mère l'était encore bien plus que sa belle-sœur; que d'ailleurs, je n'avais que seize ans; qu'il y aurait eu de la folie à penser à me marier; mais je me croyais amoureux, et je savais que l'amour fait vaincre tous les obstacles, en attendant, je n'osais pas déclarer mes sentimens ; mais je venais presque tous les soirs, rue du Mail, où demeurait ma jolie cousine. Je soupais en famille, quelquefois il y avait plus de monde, et on dansait, en sortant de table, une ou deux contredanses ; car il fallait se retirer à onze heures, et je revenais encore à temps pour me trouver au souper de ma mère. On sait que dans ce temps on soupait, je ne sais si on soupe encore ; mais ce que je sais, c'est qu'il n'y avait que les femmes et les gens respectables par leur âge, ou par leur rang dans la société, qui se missent à table. Tous les jeunes gens étaient debout, et tournaient autour, s'arrêtant auprès de la femme qui leur plaisait. Je me glissais parmi cette brillante jeunesse, et ma mère ne s'apercevait seulement pas que je ne faisais que d'arriver, et encore moins que je ne mangeais pas.

Si la table de M. Tassin n'était pas somptueuse comme celle d'un fermier général, elle était cependant fort bonne et plus que suffisante pour contenter mon appétit. Ma mère ne s'embarrassait pas trop de ce que je devenais depuis cinq heures qu'elle allait faire des visites ou au spectacle: ainsi je continuais à voir assiduement mademoiselle Tassin et nos autres parens; et ma mère me croyait prenant des leçons de mathématiques et de dessin; car la matinée se passait au manège. Mon père était enchanté de me voir aimer sa famille, et ne se doutait pas que j'avais formé le ridicule projet de demander mademoiselle Tassin en mariage. Comme elle n'était pas toujours chez elle, je m'informais soigneusement où elle passait la soirée, et je m'y rendais, soit chez quelqu'une de nos parentes ou chez une de leurs amies, mon père venait m'y rejoindre quand ce n'était pas jour d'opéra.

Je fus, dans cette société, témoin d'une scène qui eût été digne de Molière; elle se passa chez M. de Boissy qui donnait un très-grand dîner à plusieurs gens de qualité, avec lesquels son goût pour la chasse l'avait lié: entre autres M. le comte d'Outremont, colonel d'un régiment de dragons. Sa terre était voisine de celle qu'avait hérité de ses pères, M. de Boissy qui était gentilhomme; mais il avait, comme je l'ai dit, épousé mademoiselle Norvé, dont le père donnait, comme M. Guillaume, du drap à ses amis pour de l'argent. M. Norvé avait marié sa fille aînée à un autre marchand de drap: celle-là avait beaucoup plus d'esprit que sa sœur; mais elle était laide, une taille informe, des manières triviales; elle était insupportable à son beau-frère qui n'aimait guère mieux le mari. Le plus grand défaut de madame de Boissy était une gaucherie dans toute la conduite de la vie qui désolait son mari, et lui attirait des désagrémens continuels. Autant M. de Boissy aimait peu M. et madame Martin (c'était le nom de ce respectable couple), autant sa chère femme les adorait. M. de Boissy avait dit à celle-ci, que tel jour il aurait quinze personnes à dîner. Elle savait, que lorsque son mari réunissait ses amis de cour, il donnait toujours le repas le plus délicieux : elle pensa que ce serait faire un cadeau à son frère Martin, de l'y inviter sans le dire à M. de Boissy ; pour sa sœur qui avait plus de tact qu'elle, elle ne voulut jamais en être. A quoi bon, disait-elle : cela contrarie M. de Boissy qui a trouvé votre dot fort bonne, qui vous estime ; mais il est aisé de voir que vos parens ne lui plaisent pas. Quoique financier il tient à la noblesse, et fait peu de cas de la bourgeoisie. Je l'ai vu mainte et mainte fois se moquer de mes manières, il croyait que je ne m'en apercevais pas, mais rien ne m'échappe. —Oh! bien ma femme, cela m'est bien égal ; puisque ma sœur m'engage, je viendrai : d'ailleurs, cela me fera plaisir. Je serai bien

8*

aise de voir M. d'Outremont: on lui demanda pourquoi, il ne voulut pas le dire.

Le jour de ce repas d'Apparat arrive, mon père me demande si je veux en être. Je savais que madame et mademoiselle de Tassin étaient priées; j'accepte donc avec grand plaisir. M. de Boissy avait engagé ma mère; mais elle était enrhumée. Elle ne pouvait traverser les ponts, et vous noterez que c'était dans sa voiture, une des plus closes que l'on pût voir. M. de Boissy demeurait près des Quatre-Nations, on n'insista pas, et j'en fus enchanté; car elle se serait au moins évanouie si elle avait été témoin de ce qui se passa chez M. de Boissy. Nous arrivâmes des premiers. J'avais pressé mon père qui ne l'était jamais, afin que nous fussions rendus avant mademoiselle Tassin, pour ne perdre aucun des momens pendant lesquels j'aurais le bonheur de la voir.

Tous les convives arrivèrent successivement, et l'on allait avertir que le dîner était servi, quand on annonça M. Martin, à ce nom M. de Boissy fait une grimace qui ne me promit rien d'agréable pour le beau-frère; il n'osa pourtant pas se livrer à la violence de son caractère, qui l'aurait porté à dire franchement qu'il ne comptait pas sur lui : il se contint. Le dîner fut magnifique, madame de Boissy en fit gauchement les honneurs : Martin mangea beaucoup et but encore plus pour se donner du courage, ayant un projet qu'il exécuta aussitôt après le dîner. Pendant que l'on prenait le café dans le salon où on était entré, en sortant de table, il s'approche de M. d'Outremont et lui dit : oh! monsieur le Marquis, que j'ai de satisfaction de vous rencontrer. — Monsieur, je n'ai pas l'honneur de vous connaître. — Oh! monsieur, auriez-vous donc oublié M. Martin, rue St.-Martin, à l'Image St.-Martin, c'est une si plaisante adresse qu'on ne l'oublie pas, et pour vous la rappeler, monsieur, je vous dirai que c'est moi qui eus l'honneur de vendre votre livrée lors de votre mariage. — Cela est possible. — Si possible, monsieur, que vous en trouverez les factures, non acquittées, dans votre secrétaire ; car j'ai eu l'avantage de vous en faire passer plus de vingt. — Je n'en sais rien, cela regarde mon intendant; voyez-le qu'il règle cette misère.—Pas tellement misère qu'il vous plaît de le dire, reprit M. Martin : le mémoire se monte, autant que je puis m'en souvenir, à onze mille trois cent quarante livres treize sols six deniers.—La belle mémoire : —vous serez payé, monsieur, reprit le gentilhomme financier ; mais vous eussiez pu vous dispenser de faire ici cette réclamation.— Mon cher frère ! — C'est votre frère ! le beau-frère de madame de Boissy.—Mon cher frère, je n'ai jamais pu voir M. le Marquis chez lui depuis dix ans : le ciel me le fait rencontrer ici, il est tout simple que j'en profite. M. de Boissy eût voulu voir à cent pieds sous terre la femme, le beau-frère, son heureuse mémoire, ses factures, tout son magasin, tant il s'était senti humilié de cette scène. Mon père en fut fâché ; mais c'eût été bien pis si ma mère y eût été : ce qu'il y eut de mieux, c'est que M. Martin fut payé, je m'imagine des fonds de M. de Boissy ; mais n'importe.

Je continuai à aller chez madame Tassin qui me mena un jour chez sa mère, marchande de soie, retirée du commerce, et qui conservait les manières anciennes des femmes de marchands, qui, il y a soixante ans, rivalisaient encore bien moins d'élégance avec les classes supérieures ; mais leur intérieur était très-étoffé ; et lorsque le dimanche les enfans se réunissaient chez le père de famille, le meilleur dîner les y attendait. Beaucoup de vaisselle d'argent, de beau linge, les meubles de damas, pas un sol de dettes, avec tout le crédit nécessaire pour en faire; beaucoup d'union entre les parens qui ne laissent point un des leurs dans l'embarras, si des malheurs ou même des imprudences le mettaient dans la position de faire une faillite. Alors chacun se cotisait pour sauver l'honneur et la fortune d'un des leurs : si l'un des deux époux mourait et laissait un grand nombre d'enfans sans ressources, chacun des parens en prenait un et l'élevait comme son enfant, s'il n'en avait point d'autres; comme l'un des siens, s'il était père de famille. C'est ainsi qu'ils conservaient cette réputation d'une probité intacte, et que les femmes sages, économes, éloignent de leur maison les malheurs que le luxe immodéré mène à sa suite.

Quoique fort jeune encore, je n'avais pas dix-huit ans, je ne pouvais m'empêcher d'apprécier les vertus de ceux que j'entendais chaque jour tourner en ridicule, et j'ajouterai que je trouvais dans leur société des plaisirs vrais dont le grand monde ne m'offrait que l'ombre. Ma mère, à qui la campagne était ordonnée et qui ne pouvait s'éloigner de Paris tout l'été, avait engagé mon père à acheter une petite maison dans la vallée de Montmorenci. Il n'y avait qu'un mur entre son jardin et celui de M. Mercier, marchand d'or. Il réunissait tous les dimanches ses neveux, nièces et amis. Il avait un magnifique jardin et nous entendions jouer du violon, chanter, danser toute la journée : les meilleurs morceaux étaient pour eux; et lorsque nous les rencontrions à l'église, j'admirais leurs femmes, tant elles étaient jolies, fraîches, mises d'une manière qui leur seyait à ravir; elles n'étaient pas toutefois, exemptes d'une sotte vanité : comme les autres, elles voyaient aussi des nuances : la femme d'un commis aux écritures était regardée par ces dames comme infiniment au-dessous d'elles. Celle-ci allait quelquefois le matin à l'heure de la toilette faire sa cour à celle du premier commis qui la recevait d'un air de bonté que l'on devait appeler franchement impertinence, puisque je nomme ces demi-dieux de la terre. Je crois qu'il me resterait encore assez de temps pour entrer dans quelques détails sur eux et leurs femmes.

Les femmes de premiers commis étaient insolentes, le mot n'est pas fort au-delà de ce que l'on peut imaginer. Tout ce qu'il y avait de plus grand leur faisait sa cour : parce que tout le monde ayant besoin des ministres, on ne pouvait en approcher que par les premiers commis. La plupart habitaient Versailles, et recevaient tous les hommes de condition attachés à la cour. Les premières femmes de chambre des princesses habitaient aussi Versailles. Cette société était brillante, fort gaie et était recherchée même des femmes de qualité, comme la manière la plus sûre d'obtenir des grâces. Celles qui habitaient Paris, vivaient dans la plus haute société et voyaient ce qu'on appelait alors, la cour et la ville. Leurs filles faisaient de grands mariages, parce qu'elles avaient ordinairement de grosses dotes, fruits des économies (1) de leurs parens, qui, avec huit à dix mille francs d'appointemens, laissaient quelquefois cinq à six cent mille francs de bien et un mobilier superbe. Leurs fils entraient au service, et y avançaient parce que les colonels en tiraient parti, pour obtenir des grâces de la cour. Plusieurs maisons importantes

---

(1) Ce mot, économie, me rappelle un bon mot de Louis XV. Le directeur des économats acheta une terre de cinq cent mille francs, le roi lui en fit son compliment; le directeur répondit : Sire, ce sont mes économies.— Dites des économats. La caisse des économats était destinée à recevoir le revenu des bénéfices vacans qui devaient être employés à faire les réparations nécessaires dans des églises ou des bâtimens de ferme des biens ecclésiastiques.

doivent leur origine ou leur agrandissement à des premiers commis.

Ma mère s'était liée avec la femme de celui de la guerre; elle voulait me faire entrer sous-lieutenant de dragons. Je ne demandais pas mieux; mes assiduités auprès de l'aimable Angélique Tassin, n'avaient pas beaucoup avancé mes études en mathématiques. Mon père préférait de beaucoup l'artillerie; mais ce n'était pas une raison. Ma mère avait bien plus de tenue dans la volonté que mon père; ainsi il était bien certain, que, malgré toutes les sollicitations de M. de *** auprès de M. de Gribauval, directeur général de l'artillerie, j'étais bien sûr de ne pas aller au Polygone (1) : d'ailleurs il y avait

---

(1) Nom que l'on donnait aux exercices d'artillerie.

pour ma mère une raison prépondérante. L'uniforme des dragons était bien plus agréable que celui des artilleurs, donc il fallait que son fils portât le premier de préférence à l'autre. J'étais encore sur cela de l'avis de ma mère; mais ce qui ne s'accordait pas avec mes vues, ce fut la résolution de madame de *** d'aller s'établir à Versailles pour être à portée de voir sa belle-sœur, et de faire solliciter par elle mon admission au régiment de Laroche-Foucault, dragon, en qualité de sous-lieutenant. Pendant ce temps je ne verrais pas ma chère Angélique à qui cependant je n'avais encore osé déclarer mon amour. Il me parut nécessaire, en partant pour un mois, car ma mère m'avait dit que nous serions ce temps là à Versailles, d'apprendre à Angélique mes projets, et à quel point je l'aimais, afin que s'il se présentait quelque parti pour elle pendant mon absence, elle le refusât. Je savais que depuis quelques jours madame Tassin allait chez une de ses sœurs qui était fort malade; elle partait aussitôt le dîner et ne revenait que sur les six heures. Sa fille ne l'y accompagnait point, parce que l'on craignait qu'il n'y eût de la malignité dans la maladie de madame Théron. Le père descendait dans son étude et Angélique restait dans la salle de compagnie (1) pour y recevoir ceux qui y venaient pour sa mère.

―――――――――――

(1) Les bourgeois appelaient ainsi la pièce où ils recevaient. Le mot salon ne s'employait que pour les appartemens des gens de qualité.

J'avais donc calculé que ne dinant pas chez ma mère, je serais de fort bonne heure chez ma cousine, et que j'aurais le temps de lui parler avant le moment où il viendrait des importuns. En effet, je vins droit de chez mon maître d'équitation chez madame Tassin : son portier ne me fit aucune difficulté, je trouvai Angélique brodant, elle me demanda ce qui m'amenait d'aussi bonne heure. —Vous ne vous en doutez pas, Angélique ? je ne suis pas assez heureux pour que vous le deviniez ? — Je vous avoue que je n'en sais rien du tout. Ah ! Angélique, vous ne m'aimez pas. — Je vous assure que vous vous trompez, mon cousin, je vous aime beaucoup. — Ah ! si je pouvais le croire, je ne serais pas si embarrassé pour vous dire..........

— Mon Dieu, si c'est quelque chose où je puisse vous servir, dites-le moi avec confiance : vous est-il arrivé quelque malheur? auriez-vous perdu au jeu ? ma bourse est à votre service. — Mon Angélique, plus vous me parlez, plus vous me donnez de marques d'amitié, plus je me trouve embarrassé, parce qu'enfin, puisqu'il faut vous le dire, c'est bien plus que de l'amitié que je vous demande, et me jetant à ses genoux, j'ajoutai, avec une telle volubilité qu'elle ne pût m'interrompre : oui, chère Angélique, je vous adore, je vous demande votre main, ma fortune est à vous, soyez l'ornement de la plus brillante société dont vous ferez tout le charme, dites-moi que vous m'aimez, non de l'insipide et froide amitié, mais de ce sentiment vainqueur de tous les autres qui devient l'âme de notre âme, d'amour enfin. — Relevez-vous mon cher cousin, et permettez-moi de vous observer que si je vous disais que je vous aime d'amour, ce serait le plus insigne mensonge : j'aime, je suis tendrement aimée de M. Monjot le maître clerc de mon père qui lui donne sa charge et son étude, dans six semaines nous serons unis : ainsi vous voyez que je puis être fort sensible à l'honneur que vous voulez bien me faire, mais qu'il m'est impossible d'en profiter.

J'étais resté muet de rage, le sangfroid, l'air passablement ironique de mon Angélique, m'auraient bien volontiers rendu aussi furieux que Roland. Je ne sais à quelle extravagance je me serais porté, si on n'avait pas annoncé deux vieilles dames, qui parurent assez surprises de nous trouver tête à tête, et qui charitablement attribuaient certainement mon trouble à l'excès de mon bonheur; mais me voyant hors d'état de me contraindre, je sortis aussitôt, maudissant celle que j'avais tant aimée et jurant de me venger de sa trahison, sur tout son sexe.

Je revins chez moi dans un état effrayant ; Fréderic, c'était le nom de mon domestique, alla tout de suite en rendre compte à mon père qui accourut et me trouva dans une situation très-alarmante. Il me prit dans ses bras, me pria de lui apprendre le sujet de ma douleur. J'avais besoin d'épancher mon cœur dans celui d'un ami : pouvais-je en avoir un plus fidèle que mon père : je lui avouai ce qui me mettait au désespoir : il m'écouta avec la plus tendre indulgence, puis m'engagea à me tranquilliser. Je continuerai demain la suite de ma conversation avec mon père, ce soir je me sens fatigué.

CHAPITRE XXII.

Venez, mon cher Raoult, le temps est superbe, allez sur la butte qui domine l'ermitage : et ils s'y rendirent, et s'étant assis, Théodore dit :

Ma mère qui avait appris que j'étais rentré chez moi excessivement changé, et qui craignait qu'il ne me fût arrivé quelqu'accident, monta aussitôt dans ma chambre ; j'étais touché de cette marque de bonté, mais j'aurais préféré rester seul avec mon père; car pour rien au monde je n'aurais voulu dire à madame de *** ce qui me causait le trouble où j'étais; elle m'interrogea inutilement; je dis que l'état où je me trouvais était l'effet d'une leçon d'équitation fort longue et sur des chevaux difficiles, que je n'avais besoin que de repos; et sûrement, ajoutai-je, il n'y paraîtra pas demain. Comme je vis qu'elle était habillée, et sachant que c'était son jour de loge à l'opéra, je la suppliai d'y aller, lui demandant pardon de ne pouvoir l'accompagner. Elle m'assura qu'elle en serait bien fâchée; et rassurée sur ce que je lui disais, elle me quitta en engageant mon père à en faire autant pour me laisser dormir, M. de *** la suivit.

Dès qu'elle fut partie, il remonta, je m'en étais flatté; il me dit tout ce que la tendresse peut inspirer de plus consolant, et m'assura que j'étais beaucoup trop jeune pour penser à un engagement aussi sérieux. Il trouva qu'il était heureux que mon prochain départ pour Versailles me donnât un moyen de distraction. Je jurai que rien ne pouvait effacer de mon cœur l'image d'Angélque : mon père n'en parut pas persuadé, et en effet, je partis le lendemain avec ma mère. J'étais encore triste, abattu; à peine arrivé dans le séjour de la cour, que la diversité des objets m'entraîné loin de moi-même ; et je fus étonné avec quelle rapidité je passai de l'amour le plus passionné à la plus parfaite indifférence. Peut-être en pourrais-je trouver la cause, par le plaisir que j'eus à voir la jolie duchesse de *** qui me traita avec beaucoup de bonté, et engagea sa mère à obtenir pour moi la protection de madame Victoire. Madame de Marsac le promit, elle fit plus, elle dit à ma mère de se trouver avec moi dans la galerie quand la princesse irait à la messe, qu'elle me ferait remarquer de son auguste maîtresse : cela me fit grand plaisir, parce que je désirais de voir la famille royale et les femmes de la cour. Je fus frappé de leur costume, et il me semble encore les voir.

Les femmes que l'on accuse d'être soumises à la mode, et d'en changer sans cesse, avaient cependant, depuis un siècle, conservé le même costume à la cour, quoiqu'il fût le plus incommode que l'on peut imaginer : et lorsque toute contrainte se trouvait bannie dans les habillemens de ville, on ne pouvait voir une femme dans les appartemens de Versailles, sans la plaindre. Le grand habit pour les femmes consistait en un corps si étroit du bas de la taille, qu'il ne joignait point (1). A ce corps était attachée une jupe soutenue par un panier, qu'il faut avoir vu, pour en avoir une idée exacte. Les femmes avaient, grâce à cette machine, deux ou trois aunes de tour, qui ne présentaient néanmoins que deux parallèles sur lesquels l'étoffe s'étendait, et brillait de tout son éclat. Par dessus cette jupe un grand manteau

---

(1) On apercevait dans les lassures, la chemise qui devait être de la plus belle toile de Hollande. On prétendait qu'une d'elles, connue pour son avarice, ayant de gros linge, faisait mettre une feuille de papier de Hollande dans les lacets.

dont la queue était plus ou moins longue, suivant la dignité de celle qui le portait. La queue des princesses du sang, avait quatre aunes; celle des duchesses, trois, et celle des simples femmes présentées, deux. Les femmes de chambre des princesses de la famille royale avaient le même grand habit, les mêmes paniers, mais point de queue à leurs manteaux, et un grand tablier blanc pour le temps du service. Le corps de cour avait les épaulettes entièrement abattues au-dessous de l'épaule, de sorte que le col, les épaules et la poitrine étaient absolument découverts. Un collier de diamans ou de perles à plusieurs rangs, nommé esclavage, tombait sur la poitrine et cachait seul des charmes que la modestie doit dérober pour avoir plus de prix.

Les femmes maigres, brunes et vieilles avaient inventé la mantille; c'était une espèce de pélerine avec des pans, qui tournait autour de la taille et se renouait par derrière avec de gros glands d'or ou d'argent, suivant la garniture de l'habit qui était assez ordinairement en dentelles d'or ou d'argent, de fleurs et de perles. La coëffure, sous Louis XV, consistait en un petit bonnet de dentelles noires avec des barbes pareilles auxquelles on ajoutait des diamans. Je vis passer madame Victoire avec les dames mises comme je viens de le dire, cette parure était ridicule, et la jolie duchesse même perdait à ce costume la moitié de ses grâces.

Il existait à la cour des hommes qui étaient, si on peut se servir de cette expression, des êtres mixtes ; ils n'étaient pas nobles, mais ils tenaient à toutes les prérogatives de la noblesse, dont, comme officiers du roi ils avaient, quelques-uns des priviléges. Ces braves gens étaient de père en fils attachés au roi et aux princes et princesses qui les traitaient avec toutes sortes de bontés. Les femmes de la cour les recevaient chez elles, parce qu'ils savaient se rendre nécessaires, ayant conservé les traditions avec autant de respect que le feu sacré; on les consultait dans les occasions importantes : j'en rencontrai un chez ma tante, je crois le voir encore, il était huissier de la chambre de madame Victoire et se nommait Sévin ; c'était un petit homme d'une soixantaine d'années, il avait un habit de satin vert-pomme avec une veste de drap d'or, des manchettes de dentelle, et des bas de soie; ses cheveux assez mal en ordre, parce qu'il traversait la place d'armes pour venir au château, ce qui dérangeait l'économie de sa frisure.

Parmi ceux dont je vous ai parlé, celui-ci était le mieux instruit des usages de la cour. J'avais fait quelques questions à ma tante sur ce que je voyais; elle me dit: voici M. Sévin qui, en effet, entrait chez elle, vous pouvez avec lui, être aussi bien instruit que si vous aviez passé votre vie à la cour; et s'adressant à lui, elle lui dit : mon neveu me fait des questions auxquelles je ne puis répondre, je vous le livre pour apprendre de vous l'étiquette, depuis les grandes charges de la couronne;

jusqu'aux moindres emplois de la chambre. — Ce n'est pas, reprit-il, pour me vanter, mais je crois que M. le chevalier ne peut s'adresser à personne plus en état de lui faire connaître les plus grandes comme les plus petites prérogatives des personnes attachées à la cour. Tenez, dit madame la Marquise de Marsac, passez dans mon cabinet, personne ne vous distraira, et je m'enfermai avec M. Sévin. Ce qu'il me dit fut si long, que je crois qu'il faut le remettre à demain, et Raoult, malgré la curiosité que ces détails lui inspiraient y consentit.

FIN DU DEUXIEME VOLUME.

L'ERMITE DE LA FORÊT

Tome I.

L'ERMITE DE LA FORÊT

Tome II.

L'ERMITE DE LA FORÊT

Tome III.

L'ERMITE DE LA FORÊT

Tome IV.

ROMANS NOUVEAUX
Qui se trouvent à la Librairie de LEROUX, cour du Commerce.

L'Enfant du Désert; ou les Malheurs de Léontine d'Armainville; par l'auteur de *Réginald, ou la Vénitienne*. 4 vol. fig.

Le Souterrain de Birmingham, ou Henriette Herefort; par Madame Guénard de Méré. 4 vol. in-12, fig.

Le Soldat de qualité, ou le dévouement fraternel; par M. Barthélemy Hadot. 2 v. in-12.

Les Enfans de la Nuit, ou les Aventures d'un Parisien; par M. de Fouchy. 3 v. in-12, fig.

Les deux Chefs de Brigands, ou le Duc de Ferrara; par l'auteur de *Miralba*. 4 vol. in-12, fig.

Réginald, ou la Vénitienne; par mademoiselle Vanhove. 4 vol. in-12, fig.

Lomelli, le hardi Brigand, ou la Caverne de la vengeance; par l'auteur de *Rinaldo Rinaldini*. 4 vol. fig.

Caverne (la) du Brigand, ou Édouard et Mathilde; par l'auteur de *l'Enfant du Boulevard*. 2 vol.

La forêt de Mont-Lhéry. 2 vol.

Charles de Valence. 2 vol.

L'Enfant de la Révolution. 4 vol.

Château de Juvisy. 3 vol.

Edouard de Winter; par Aug. Lafontaine. 4 vol.

La Fille sans souci. 2 vol.

Madame de Sedan; par M. de Faverolles. 4 vol.

Marie Menzikoff. 2 vol.

Imprimerie de LEROUX, à Rambouillet.

www.ingramcontent.com/pod-product-compliance
Lightning Source LLC
Chambersburg PA
CBHW051919160426
43198CB00012B/1958